木拱桥传统营造技艺

木拱桥传统营造技艺

总主编 金兴盛

浙江省非物质文化遗产代表作丛书

浙江摄影出版社

季海波 陈伟红 主编

薛一泉 叶树生 著

总 序

中共浙江省委书记
省人大常委会主任　夏宝龙

非物质文化遗产是人类历史文明的宝贵记忆，是民族精神文化的显著标识，也是人民群众非凡创造力的重要结晶。保护和传承好非物质文化遗产，对于建设中华民族共同的精神家园、继承和弘扬中华民族优秀传统文化、实现人类文明延续具有重要意义。

浙江作为华夏文明发祥地之一，人杰地灵，人文荟萃，创造了悠久璀璨的历史文化，既有珍贵的物质文化遗产，也有同样值得珍视的非物质文化遗产。她们博大精深，丰富多彩，形式多样，蔚为壮观，千百年来薪火相传，生生不息。这些非物质文化遗产是浙江源远流长的优秀历史文化的积淀，是浙江人民引以自豪的宝贵文化财富，彰显了浙江地域文化、精神内涵和道德传统，在中华优秀历史文明中熠熠生辉。

人民创造非物质文化遗产，非物质文化遗产属于人民。为传承我们的文化血脉，维护共有的精神家园，造福子孙后代，我们有责任进一步保护好、传承好、弘扬好非物质文化遗产。这不仅是一种文化自觉，是对人民文化创造者的尊重，更是我们必须担当和完成好的历史使命。对我省列入国家级非物质文化遗产保护名录的项目一项一册，编纂"浙江省非物质文化遗产代表作丛书"，就是履行保护传承使命的具体实践，功在当代，惠及后世，有利于群众了解过去，以史为鉴，对优秀传统文化更加自珍、自爱、自觉；有利于我们面向未来，砥砺勇气，以自强不息的精神，加快富民强省的步伐。

党的十七届六中全会指出，要建设优秀传统文化传承体系，维护民族文化基本元素，抓好非物质文化遗产保护传承，共同弘扬中华优秀传统文化，建设中华民族共有的精神家园。这为非物质文化遗产保护工作指明了方向。我们要按照"保护为主、抢救第一、合理利用、传承发展"的方针，继续推动浙江非物质文化遗产保护事业，与社会各方共同努力，传承好、弘扬好我省非物质文化遗产，为增强浙江文化软实力、推动浙江文化大发展大繁荣作出贡献！

（本序是夏宝龙同志任浙江省人民政府省长时所作）

前　言

浙江省文化厅厅长　金兴盛

　　国务院已先后公布了三批国家级非物质文化遗产名录，我省荣获"三连冠"。国家级非物质文化遗产项目，具有重要的历史、文化、科学价值，具有典型性和代表性，是我们民族文化的基因、民族智慧的象征、民族精神的结晶，是历史文化的活化石，也是人类文化创造力的历史见证和人类文化多样性的生动展现。

　　为了保护好我省这些珍贵的文化资源，充分展示其独特的魅力，激发全社会参与"非遗"保护的文化自觉，自2007年始，浙江省文化厅、浙江省财政厅联合组织编撰"浙江省非物质文化遗产代表作丛书"。这套以浙江的国家级非物质文化遗产名录项目为内容的大型丛书，为每个"国遗"项目单独设卷，进行生动而全面的介绍，分期分批编撰出版。这套丛书力求体现知识性、可读性和史料性，兼具学术性。通过这一形式，对我省"国遗"项目进行系统的整理和记录，进行普及和宣传；通过这套丛书，可以对我省入选"国遗"的项目有一个透彻的认识和全面的了解。做好优秀传统文化的宣传推广，为弘扬中华优秀传统文化贡献一份力量，这是我们编撰这套丛书的初衷。

地域的文化差异和历史发展进程中的文化变迁，造就了形形色色、别致多样的非物质文化遗产。譬如穿越时空的水乡社戏，流传不绝的绍剧，声声入情的畲族民歌，活灵活现的平阳木偶戏，奇雄慧黠的永康九狮图，淳朴天然的浦江麦秆剪贴，如玉温润的黄岩翻簧竹雕，情深意长的双林绫绢织造技艺，一唱三叹的四明南词，意境悠远的浙派古琴，唯美清扬的临海词调，轻舞飞扬的青田鱼灯，势如奔雷的余杭滚灯，风情浓郁的畲族三月三，岁月留痕的绍兴石桥营造技艺，等等，这些中华文化符号就在我们身边，可以感知，可以赞美，可以惊叹。这些令人叹为观止的丰厚的文化遗产，经历了漫长的岁月，承载着五千年的历史文明，逐渐沉淀成为中华民族的精神性格和气质中不可替代的文化传统，并且深深地融入中华民族的精神血脉之中，积淀并润泽着当代民众和子孙后代的精神家园。

岁月更迭，物换星移。非物质文化遗产的璀璨绚丽，并不意味着它们会永远存在下去。随着经济全球化趋势的加快，非物质文化遗产的生存环境不断受到威胁，许多非物质文化遗产已经斑驳和脆弱，假如这个传承链在某个环节中断，它们也将随风飘逝。尊重历史，珍爱先人的创造，保护好、继承好、弘扬好人民群众的天才创造，传承和发展祖国的优秀文化传统，在今天显得如此迫切，如此重要，如此有意义。

非物质文化遗产所蕴含着的特有的精神价值、思维方式和创造能力，以一种无形的方式承续着中华文化之魂。浙江共有国家级非物质文化遗产项目187项，成为我国非物质文化遗产体系中不可或缺的重要内容。第一批"国遗"44个项目已全部出书；此次编撰出版的第二批"国遗"85个项目，是对原有工作的一种延续，将于2014年初全部出版；我们已部署第三批"国遗"58个项目的编撰出版工作。这项堪称工程浩大的工作，是我省"非遗"保护事业不断向纵深推进的标识之一，也是我省全面推进"国遗"项目保护的重要举措。出版这套丛书，是延续浙江历史人文脉络、推进文化强省建设的需要，也是建设社会主义核心价值体系的需要。

在浙江省委、省政府的高度重视下，我省坚持依法保护和科学保护，长远规划、分步实施，点面结合、讲求实效。以国家级项目保护为重点，以濒危项目保护为优先，以代表性传承人保护为核心，以文化传承发展为目标，采取有力措施，使非物质文化遗产在全社会得到确认、尊重和弘扬。由政府主导的这项宏伟事业，特别需要社会各界的携手参与，尤其需要学术理论界的关心与指导，上下同心，各方协力，共同担负起保护"非遗"的崇高责任。我省"非遗"事业蓬勃开展，呈现出一派兴旺的景象。

"非遗"事业已十年。十年追梦，十年变化，我们从一点一滴做起，一步一个脚印地前行。我省在不断推进"非遗"保护的进程中，守护着历史的光辉。未来十年"非遗"前行路，我们将坚守历史和时代赋予我们的光荣而艰巨的使命，再坚持，再努力，为促进"两富"现代化浙江建设，建设文化强省，续写中华文明的灿烂篇章作出积极贡献！

2013年11月20日

目录

　　2009年9月28日，对于泰顺县和庆元县的人民群众来说，是一个值得铭记的日子。这天，联合国教科文组织保护非物质文化遗产政府间委员会第四次会议，在阿拉伯联合酋长国首都阿布扎比开幕，为期三天的会议主要讨论确定入选"人类非物质文化遗产代表作名录"和"急需保护的非物质文化遗产名录"的项目，我国申报的羌年、传统木拱桥营造技艺、黎族传统纺染织绣技艺3个项目进入首批"急需保护的非物质文化遗产名录"。作为"中国木拱桥传统营造技艺"项目的具体地区，泰顺县和庆元县在一夜之间吸引了全世界关注的眼光。

　　同处浙南山区的泰顺县和庆元县，地缘相近，血缘相亲，在文化遗产资源禀赋和保存保护方面，有许多共同之处。泰顺县和庆元县至今仍保存着众多古村落，这些古村落文化深厚，风光优美，移步换景，让人流连忘返，在浙江省内并不多见，是难得的珍贵的历史文化研究标本。在非物质文化遗产保护方面，两县都取得了一定的成果。截至目前，泰顺县拥有各级"非遗"名录近百项，其中，1项列入联合国教科文组织"急需保护的非物质文化遗产名录"，2项列入国家级"非遗"名录，9项列入浙江省"非遗"名录，51项列入温州市"非遗"名录；庆元县拥有各级"非遗"名录33项,其中,1项列入联合国教科文组织"急需保护的非物质文化遗产名录",1项列入国家级"非遗"名录,5项列入浙江省"非遗"名录,26项列入丽水市"非遗"名录。这些名录项目,是两地"非遗"资源的精粹,体现了两地先民的精彩创造,也是我们今后开展保护和传承工作的重点。

长期以来,泰顺县和庆元县党委、政府高度重视文化遗产的保护工作,先后成立了专门的"非遗"保护机构,落实编制和人员,为当地"非遗"的保护和传承奠定了重要基础。近年来,各级财政对文化遗产保护工作的经费投入逐年增加,为保护传承工作的有效开展提供了重要保障。在全面掌握历史文化遗产家底的基础上,我们明确了一批重点保护项目,编制实施了相关保护和开发利用规划。严格按照"保护为主,抢救第一"的工作原则,开展历史文化遗产的保护和开发,做到了完整保护,合理利用,传承发展,并取得了一定的经验。我们始终坚持"以人为本"的工作方针,全面落实省文化厅统一部署的服务传承人"八个一"和"服务传承人月"活动,为传承人排忧解难,提供帮助,及时协调解决困难和问题,使传承人心情愉快地在"非遗"传承中发挥骨干作用。

历史文化遗产是区域发展的重要资源。文化被誉为"经济发展的原动力"，这一点已经成为许多地方促进地方经济、社会均衡和谐发展的重要力量。作为区域发展独特见证的文化遗产资源，更是具有多方面的资源效应，在区域形象宣传、历史文化教育、乡土情结维系、文化身份认同、生态环境建设、和谐人居环境构建等多方面具有综合价值。可以说，木拱桥就是泰顺和庆元的"世界500强"，事实上，在世界级200多项"非遗"项目中，木拱桥传统营造技艺项目已经占有一席之地。木拱桥进入"世遗"园地，正是众多人士长期努力耕耘结出的硕果，随之一同走向世界的，还有区域整体生态文化资源。在开发利用这项工作中，泰顺文化遗产开发利用的重点项目——廊桥文化园已粗具规模，该项目的建设，是泰顺整合历史文化遗产资源进行开发利用的积极尝试，目前该园区已列入浙江省非物质文化遗产旅游经典景区。

接下来，我们将进一步分析和统筹资源优势，明确保护重点，突出中心工作，积极打好"桥牌"，在文物保护方面，继续做好廊桥的维修和环境整治工作；在"非遗"保护方面，积极拓展项目发展空间，为保护传承创造条件。在具体的工作开展中，始终坚持实践第一，大胆探索，在实践中创新方式方法，总结成功经验，使木拱桥等优秀文化遗产保护工作不断取得宝贵经验。继续坚持科学发展原则，全面推进文化生态保护。进一步普及文化遗产知识，增强领导干部的文化自觉，提升人民群众的文保意识，大力营造良好的舆论氛围，凝聚社会共识，发动全民参与文化遗产的保护工作，维护良好的保护和发展环境。

站在新的历史起点，我们将继续在上级部门的关怀和指导下，在广大人民群众的共同参与下，进一步探索文化遗产保护和传承的新路子，进一步创造文化遗产保护的新机制，进一步借鉴兄弟县市的新经验，再接再厉，再创佳绩，不断把木拱桥等优秀文化遗产保护事业推上一个新台阶。

泰顺县人民政府 县长：董旭斌

庆元县人民政府 县长：叶　青

二〇一二年十二月十五日

地域背景

浙南闽北的泰顺、庆元、景宁和寿宁等地，都集中出现了大量木拱桥，它们同属瓯越和闽越文化圈，有着深厚的历史因缘，表明这一区域木拱桥生成的历史文化根基。

地域背景

[壹]地理环境

一、泰顺地理环境

泰顺位于浙南最南端,东南邻福建省的福鼎、柘荣,西南接福建省的福安、寿宁,西北靠景宁,东北毗文成。泰顺"九山半水半分田",是典型的山区县,平均海拔近500米。境内洞宫山主脉呈西北向东南入境,南雁荡山支脉自东北边境向西南延伸,千米高山数十座。两山脉交叉,形成了崇山旷谷交错回环的中山地貌,世称"浙南屋脊"。境内地势从西北向东南倾斜,大小溪流百余条,纵横交错,呈多干树枝状,绝大部分属于飞云江、交溪和沙埕港三大水系,因此有专家称泰顺为"小三江源"。支脉发达的水系为泰顺先民提供了良好的生活空间。移民泰顺的各姓始祖主要通过这三条水路,特别是飞

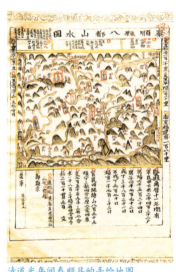

清道光年间泰顺县的手绘地图

云江，进入高山腹地。

唐代诗人罗隐在泰顺有过短暂停留，"遥闻前山相对语，跨绕溪谷数里程"是他对泰顺山道的描状。唐代诗人顾况在其名篇《仙游记》中写道："温州人李庭等，大历六年入山斫树，迷不知路，遥见溪水，中有人烟鸡犬之候。寻声渡水，忽到一处，约在瓯、闽之间，云古莽然之墟。"据考证，李庭等人遇到的村落就是现在的泰顺县仙居

溪水人家

村。当年，李庭离开时还特意留意了来去的道路，但他再次前去时，却是"群山万道，不可寻省"了。

身为泰顺人的清代进士董正扬深有体会，感叹"迢迢罗阳，如在天上"。寥寥八字，十分形象。

历史上，泰顺对外交通主要依靠陆路，至清代中叶，百丈口水运渐兴，在大雨涨水的时候，木帆船顺流而下，当天可达瑞安。泰顺自唐代起，道路、桥梁逐渐开始建造。古道有县治罗阳镇通往温州的"温州大道"，沟通浙闽两省的"桐山大路"。就在这些古道上，有历代建设的铺舍、路亭和各种桥梁，再加上散落于乡村间的廊桥和碇步，形成了沟通泰顺与外

古道

界、县城与乡村、乡村与乡村之间的道路交通网络。

　　大山和水流的分隔，使外界先进的文化难以进入山中，而进入山中的文化在融入本土文化之后，则不会轻易受到外来力量的冲击而得以相对完好地保存。地理位置的偏僻，也使泰顺民风民俗较好地继承了原生文化，相对于受现代文明冲击强烈的城市环境，泰顺山区保存了浓郁的传统文化特质。

二、庆元地理环境

　　庆元是一片美丽而又神奇的土地，它位于浙江省西南部，地处东经118° 50′~119° 30′，北纬27° 25′~27° 51′之间。东、南、西三面与福建省的寿宁、政和、松溪三县交界，北与浙江省龙泉市、景宁畲族自治县接壤。南北长约49公里，东西宽约67公里，总面积1898平方公

仙居岭头古道

里。庆元属浙西南山区，境内有溪谷、盆地、丘陵、低山、中山等多种地形地貌。地势呈东北向南倾斜，东、北部为洞宫山脉所踞，多崇山峻岭，多深谷陡坡，海拔1500米以上山峰就有23座，其中百山祖海拔1856.7米，为浙江省第二高峰。西南部和中部是仙霞岭余脉，地势比较平缓。

庆元属亚热带季风气候，温暖湿润，四季分明，年平均降水量1721.3毫米。境内山势巍峨，溪流纵横，全县有大小溪流926条，较大的溪流有松源溪、安溪、竹口溪、南阳溪、左溪、西溪、八炉溪等。南阳溪、左溪向东流入瓯江；松源溪、安溪、竹口溪向西南流入

庆元县古地图（光绪版《庆元县志》）

闽江；西溪、八炉溪向东南注入福安江。因此，庆元历来有"水流两省达三江"和"三江之源"的美誉。

庆元山多地少，全县有山林面积16万余公顷，森林蓄积量600多万立方米，森林覆盖率达82.4%，是浙江省8个林业重点县（市）之一。2005年5月，国家环境部门根据卫星遥感数据和生态环境现状调查数据，从生物丰度、植被覆盖、水网密度、土地退化、污染负荷等五个方面，计算出全国各地的生态环境质量指数EQI，并进行了分级和排序，庆元在全国2348个县（市、区）中名列第一，成为"中国生态环境第一县"。

秀山丽水的庆元县

[贰]历史渊源

　　在浙南闽北有个传说，浙江省景宁、泰顺二县和福建省寿宁县，系明朝景泰帝为庆祝自己的寿辰而建，连同南宋庆元年间所设的庆元县，正好合为"景泰寿庆"。这个传说本身是经不起推敲的，但四县在地理位置上的相邻，以及建县时间上的相近，尤其又都是我国木拱桥的集中地，倒是中国历史地理上一个有意思的巧合。

　　"巧合"的背后，有更深层次的历史文化背景。或许也正是这个背景的存在，才可能有"景泰寿庆"传说的出现。

　　历史地、宏观地来看，浙南、闽北属于古闽越文化圈；扩大来说，它应属越文化体系。瓯越、闽越，追究其根源，都是发源于胶东半岛的上古东夷集团。在4000余年前，东夷集团和发源于青海高原的华夏集团都得到了发展壮大，为了拓展各自的领地，东夷集团向西行进，华夏集团向东发展，两大集团不期而遇。东西两大原始文明

泰顺县县城全景

庆元县县城全景

的撞击，最终以一场旷日持久的大战得出了结果。这场大战发生地就是"涿鹿之野"，在今天的河北省涿鹿县境内。对阵战场兵戎相见的，一边是黄帝炎帝部族联盟，一边是九黎族（东夷集团）的首领蚩尤部族。这场恶战，最终以华夏集团的黄帝族战胜东夷集团的蚩尤族而告终。打了败仗的蚩尤族人开始四散逃亡，大体上说，一部分越海东渡日本，一部分经赣、湘转赴西南（现在苗族仍然自称为蚩尤后代），一部分向东南沿海迁移。后江浙地区的吴越、福建地区的闽越、广东地区的南越，直至越南，都是原始东夷集团移民的后裔。

瓯越和闽越又是怎么产生的？周元王三年（前473年），越王勾践兴兵灭了吴国后，分封两个儿子分别到浙南和福建一带建立东瓯（瓯越）、闽越两个属国。东瓯国的地域包括今日浙江东南部的温州、台州和丽水等地，闽越国的地域包括今福建省全境。

公元前138年，因家族矛盾，闽越发兵围攻东瓯，汉武帝派遣大臣庄助率军取海道救援，闽越军闻风引军而去。东瓯解围后，为免再遭侵犯，征得汉武帝同意后，东瓯王望率其子民4万余人迁至江淮之间的庐江郡。

家族之间的纷争刚停止没几年，公元前135年，闽越内部又发生冲突，起了内讧，闽越王郢被其弟余善所杀。为加强对闽越的控制，汉武帝封中郎将立丑为越繇王，再封余善为东越王，使两人互相牵制。公元前111年，余善悍然发兵反汉。一开始，闽越国小有胜利。喜悦冲昏了余善的头脑，他擅自私刻"武帝"玺，自立为帝。汉武帝大怒，调遣四路大军发兵东越，余善被杀。汉武帝厌烦了招安、围剿反反复复的做法，下决心彻底清除祸患。他以"东越狭多险，闽越悍，数反覆"为由，下令将闽越军民悉数迁往江淮之间，并使其分散居住。

东瓯和东越相继内徙，虽然迁走了一部分贵族及其臣民，但一些东瓯人或东越人乃逃居山林险阻之处，扎堆群居。这些逃亡山区的东瓯人或东越人被后人称为"山越"，浙南和闽东、闽北的广大山区成为他们逃难的首选地。

浙南闽北地缘相近，人缘相亲，历史文化背景上的贴近，决定了景宁、泰顺、寿宁和庆元四地文化交流和融合，这方面，已经有大量的学术著作可供考究。

"景泰寿庆"传说背后的历史文化背景是真实存在的，浙南闽北的泰顺、庆元、景宁和寿宁等地，都集中出现了大量木拱桥，它们同属瓯越和闽越文化圈，有着深厚的历史因缘，表明这一区域木拱桥生成的历史文化根基。

[叁]人文背景

一、泰顺人文背景

近20多年来，考古界在泰顺境内发现了许多新石器时代的古文化遗址。从采集到的石器和陶片看，这些遗址属于新石器时代中晚期向春秋战国时期过渡的古文化遗址，其文化系统为闽北闽江流域的昙石山文化，距今4000至5000年左右。

到了三国时期，中原地区连年混战，民不聊生。居住在中原及江淮间的老百姓背井离乡，踏上迁移南方的行程。永嘉建郡（323年）后，南迁的队伍里开始出现不少北方豪门士族的身影。一部分人好不容易抵达迁移目标地会稽，却发现

泰顺新石器晚期的狮子岗遗址

这块膏腴之地早已被士族地主先入为主了，为避免南北两大地主集团发生冲突，只好又辗转迁徙到浙闽一带。

唐"安史之乱"之后至唐末五代，浙南地区逐渐成为新的移民中心，南面的福建和北边的中原以及浙北地区的名门望族迁居泰顺一带的比较多。究其原因，北边来的移民当然是"安史之乱"造成的。而南边的情况是，闽国王审知死后，宫廷内讧加剧，军阀混战，生灵涂炭，境内的百姓，特别是闽东赤岸人纷纷北逃至包括如今泰顺在内的浙南地区。

对于山外移民进驻泰顺，林鹗《分疆录》有记："（泰顺）唐以前僻在荒服中，多老林，供郡国材用而已，实闽括间瓯脱也。至唐始有山民烧畲辟壤，渐兴赋役。及唐末之乱，赋烦役重，民不堪命，流亡入山者愈多，则百落千村皆武陵之桃源也。"

林鹗《分疆录》

在进入泰顺的这些人中，不乏一些逸士高人入山隐居，为泰顺一地布化和留下了卓尔不群的名士遗风。唐德宗贞元元年（785年）进士、曾任福州长溪令的包全，因爱泰顺境内山水之胜，风物之美，隐居于安固卓小阳（今新浦乡库村包宅）；夏仁骏，曾因先祖遗荫入太学，任中书舍人，因避黄巢乱，于唐僖宗中和元年（881年），由会稽遁入安固白云山下吞底隐居。因众多仁人志士的迁入，使泰顺的确成为了一个纵情山水、避乱隐居的"武陵桃源"。

北宋的"靖康之乱"促使了第二次人口大规模地迁入泰顺。来自中原、本省其他地区或相邻省份的翁、蔡、张、李、王、郑、魏、毛等姓氏，都在这个时期落户泰顺境内。

从唐朝一直到两宋，由于大量外来人口的入迁，泰顺境内大部分地区得到了开发，促进了生产，而文化教育也出现了一个鼎盛时期。林鹗在《分疆录》里这样写道："自宋以后，生齿日繁，文物渐盛，科甲肇兴，人才辈出。"泰顺规模比较大的开发还是唐及唐以后的事，宋代是泰顺地区文化最发达的时期。

我们回过头去，可以很清楚地发现，从公元前瓯族和闽族入山，到三国时期的动乱，唐代"安史之乱"和宋代"靖康之乱"引发的外来人口入迁的同时，也给泰顺注入了生机与活力。大山之外战乱不停，动荡不安，而偏居一隅的泰顺，却是一个安居乐业的好地方。

然而，宋末元兵的大烧杀，使得泰顺境内盛况不再。"元明两朝，世家星散，墟里荒凉，人文一蹶不振。"（林鹗：《分疆录》）泰顺由一个躲避战乱的"武陵桃源"变成了战乱频繁的是非之地。

情况还在恶化。明朝正统到清朝康熙年间的200多年里，泰顺境内可谓内忧外患，内有纷争动乱，外有倭寇侵扰，社会安定面临

桃源

巨大挑战。明正统十三年（1448年），闽农民起义军首领邓茂七和
处州矿工暴动首领叶宗留占据官台山（寿宁），进占现瑞安市的义
翔乡和平阳县的归仁乡等地（即今泰顺县境内），布政使孙原贞率
兵平定。在平定暴动后，孙原贞深思熟虑，以瑞安义翔乡和平阳归
仁乡地广人稀、岭峻林密、易乱难治为由，向明景泰帝建议单独设
县。明景泰三年（1452年），景泰帝准奏析瑞安义翔乡五都十二里、
平阳县三都六里分疆设县，立治罗阳，并以"国泰民安，人心归顺"

之意赐县名"泰顺"。

明嘉靖以后，倭寇侵扰，温州的经济文化大受打击，泰顺同样难躲其祸。《两浙史事》载："嘉靖三十八年（1559年）秋，倭寇三千余自闽福鼎桐山登岸，破排岭隘入泰顺境，烧杀劫掠整一个月。"泰顺的乡间，至今仍保存着不少抗倭遗址。

虽然在明正统到嘉靖年间泰顺出过几次战乱，明代的泰顺仍然是一个移民高潮期。这一时期迁居泰顺的有胡、朱、卓、潘、梅等大姓，主要来自北部的处州（今丽水市）一带，泰顺县城关方言罗阳话即形成于这一时期。这些大姓和先期迁居泰顺的大姓构成了今天泰顺姓氏的骨架。

明清易代之际，大山之外的局势再一次波及山城，泰顺又一次陷入严重战乱。清顺治初至康熙十八年（1679年），南明军事首领刘中藻、冯舜生及曾养性部，曾长期在境内与清军展开拉锯战。马云龙、黄寥天曾率数千人侵屯陈营寨（今上仁垟）。

清乾嘉以后，境内无战事纷扰，文化又有所复兴。当时的文人贤士有不少存世之作。被老百姓颂为父母官的曾镛有《复斋文集》和《复斋诗集》，罗阳进士董正扬有《太玉山房诗抄》和《味义根斋诗稿》，潘鼎有《小雨农山馆诗稿》，都在这个时期写成。

明末清初的战乱，特别是"三藩之乱"后，浙西、浙南山区的人口大量减少，浙江地方政府便在地窄人稠、生齿日繁的汀州府各县

泗溪北涧桥

招徕大批群众前往开山种植靛青和烧制陶瓷。于是自康熙至乾隆年间，闽西的长汀、上杭、宁化等县的客家人掀起了移民浙南、浙西山区的热潮。迁入泰顺的客家主要有许、邱、赖、罗、杨等姓氏。

　　唐代以来，大量入迁泰顺的移民，聚族而居，耕读传家，几百年恒常如一，形成一村一姓或一村多姓的血缘村落。他们在展开营建时，自然就使得廊桥等建筑濡染了外来多元化文化的因子。因此，今天我们可以说，泰顺的乡土建筑融汇了中国南北古代建筑的风格，堪称"中国南北建筑文化的过渡区"。由于深受宗法制度影响，其营建又介于法式与民间的随意性和灵活性之间，另一方面，因特定的地理环境及发展历史，泰顺古村落酝酿了深厚的家族文化，创造出独特的地域风格。

二、庆元人文背景

庆元县境内出土的石锛、石镯等文物表明，早在新石器时代庆元先民就在这片土地上繁衍生息了。夏、商、西周时期的庆元境域为越地，春秋时期为吴、越东平乡，战国后期楚国灭越国，庆元属楚国。秦汉以后，庆元又先后属于闽中郡、扬州会稽郡、扬州临海郡、永嘉郡，唐宋归属于处州（丽水）龙泉县。南宋宁宗庆元三年（1197年）置县，并以年号为县名，故称"庆元县"。县治为濛洲，就是今天的庆元县城松源镇。

庆元历史悠久，历来以

庆元县大济村古驿道

人文荟萃而远近闻名。它虽然处在浙西南一隅，却是浙江的南大门，自古"官道"在境内穿梭，北上处州、杭州，南通福建的政和、建宁，东出福建寿宁和本省的泰顺、温州，系连接闽北浙南的"咽喉"，曾经是商贾云集、文人际会之地。特别是唐宋时期，为了躲避战乱，中原的官宦、商贾、民众大量迁徙南下，庆元这个山水秀丽的地方，成为他们远离烽火、安身立业的"世外桃源"。据民间氏族宗谱记载，庆元吴、叶、姚、杨等几大姓氏，都在那时定居庆元。他们的到来，带来了发达的中原文化，中原文化与当地的山地文化相融合，形成了独特的庆元乡土文明。

尽管在长期的历史发展过程中，庆元都是典型的农耕社会，但是，这里的人们一直崇文尚儒，尊师尽孝，耕读传家。这种根深蒂固的淳厚乡风，孕育了一代又一代杰出的人才。早在北宋时期，庆元五都村就出过科考状元刘知新。《钦定四库全书·山堂肆考》记载："大观状元，宋刘知新，处州龙泉县人。"（北宋时庆元属龙泉）处州府《栝苍汇纪》以及清代编纂的《庆元县志》均记载："刘知新，字元鼎，少颖敏，淹贯经史，游太学有声，大观初廷试第一，知绵州，政尚慈祥，所著诗文多士奉为轨范，蔡翊曰：'读元鼎文，如拾璧蓝田，触手尽难捐之宝。'为时所重如此，见邑文学。"

此外，庆元的历代文化名人更是数不胜数。以浙江省"历史文化名村"大济村为例，这个当时不足800人的小乡村，在宋代至清代

大济村吴氏宗祠内陈列的历代进士画像

的几百年间，就有26人科举高中，成为享誉江南的"进士村"。

深厚的历史文化积淀，经久不衰的乡风文明，不仅让庆元贤人志士世代辈出，而且也培育庆元人积极进取的创造精神。800多年前的南宋年间，庆元县出了个名叫吴三的人，他发明了"砍花法"等一整套香菇生产技术，开了人类人工栽培食用菌产品的先河，并把技艺传授给庆元、龙泉、景宁三县农民，被后人供奉为"菇神"。800多年来，香菇生产一直是庆元、龙泉、景宁的传统支柱产业，庆元也是举世公认的"香菇发源地"。至今，庆元县依然保持着全国香菇生产规模最大、产量最高、品质最好、交易量最多的地位，不愧为世界闻

西洋殿始建于宋咸淳元年（1265年），祀奉香菇鼻祖吴三公，又称菇神庙，殿旁有兰溪桥，与之珠联璧合，相映生辉

名的"中国香菇城"。

逢山开路，遇水搭桥，是山区人民满足生产生活需要的必然选择。庆元峰峦叠嶂、溪流纵横、坡陡涧深的自然环境，群山连绵、森林茂密的自然资源，以及灿烂悠久的人文历史文化背景，这些都为木拱桥在这里产生和发展创造了条件。同时，交通相对闭塞、乡风文

明的乡土社会, 为木拱桥的长期保护提供了良好的基础。所以, 20世纪70年代末, 学界认为消失900多年的"虹桥"结构, 在庆元以及泰顺等浙南闽北山区"横空出世", 就在情理之中了。

建筑概述

编梁木拱桥，是当代桥梁专家根据它的结构特征命名的。在古代，它有一个充满诗意的名字——『虹桥』。在廊桥大家族中，以编梁木拱桥最具科学技术含量，属于重点保护对象。

建筑概述

[壹]传承脉络

廊桥，泛指有廊屋的桥；木拱桥，可以指木构拱桥；而编梁木拱桥，是指"由直木穿插别压编织组合而成的曲形拱桥"。在廊桥大家族中，以编梁木拱桥最具科学技术含量，属于重点保护对象，本书行文描述也以此类桥梁为侧重点。

编梁木拱桥，是当代桥梁专家根据它的结构特征命名的。在古代，它有一个充满诗意的名字——"虹桥"。在我们现在能看到的历史图片资料中，这种独特结构的桥梁，最早出现在北宋著名画家张择端的《清明上河图》中。汴水在隋朝至北宋的500年间里，一直是中国南北交通的大动脉。北宋初年，城中建有多座有柱梁桥和舟浮桥，洪水季节，在宽仅16余米的运河上，繁忙的船只常常与桥柱相撞。就在汴京的官员为运河上经常出现的撞桥事故苦恼时，远在千里之外的青州，木拱桥技术诞生了。这种无脚飞桥解决了繁忙的水上运输与有柱梁桥之间的矛盾，于是迅速在汴水河上传播开来。

这种举世闻名的虹桥是由谁发明的呢？对于这个问题，至今说法不一。《中国古代交通运输工具创造发明人物小传》一书中，关于编梁木拱桥技术发明人也只有"宋朝人，姓名已不可考"的记述，或者用"牢城废卒"（指关押在监牢的残疾士兵）取而代之。文献中说这个人具有超常智慧，当时在青州太守夏竦的支持下，用数十根大木相贯为桥，无柱的编梁木拱桥就这样造出来了。

另外还有一种说法，说是北宋中期，四川青神县人陈希亮正在安徽宿州做官，那时汴河改道流经宿州，年年洪水泛滥。有一年夏天，又逢天降暴雨，差役慌忙前来禀报说：汴河上的桥梁又被冲垮了。陈希亮当即冒雨来到河边，察看灾情。听当地老百姓讲，这汴河水势太猛，再坚固的桥墩都要被冲垮，要在此地架桥真比登天还难，现在桥又被冲垮，来往行人过河只有靠渡船，极不方便。于是，他命令属下采备木料，并请来木工现场施工。没过多久，宿州城的汴河上，就架起了一座崭新的木桥，桥身如虹，飞跨两岸。桥上行人来往，桥下舟楫畅通，这座飞桥解决了陆路架桥与水路通航的矛盾。从那以后，从汴京（河南开封）到泗州（安徽泗县）都模仿陈希亮的造桥方法，建起了一座座如虹飞桥。

在很长的一个时期中，研究中国古桥技术史的专家、学者大多认为，虹桥营造技术自宋代之后已经失传了。那么，虹桥是不是真的在中国彻底消失了呢？

20世纪70年代末，文物工作者率先在浙江省南部的庆元、泰顺等地发现类似虹桥结构的编梁木拱桥，此事立刻引起了学术界的极大关注。1979年11月，茅以升先生主编的《中国古桥技术史》第二次编写工作会议在北京召开，提交的报告之一就是叠梁桥（当时对编梁木拱桥的称谓）——虹桥。1980年10月，第三次编写工作会议在杭州召开，会后部分专家考察了浙南木拱桥。后来，文物和桥梁研究者又在闽北山区发现了类似的木拱桥。至此，桥梁专家们普遍确认，浙南闽北的木拱桥桥拱部分的结构技术与汴梁虹桥基本一致，北宋时期盛行的虹桥技术并没有在中国消失，而是得到了传承和较大范围的传播。尘封了900多年的虹桥结构重现天日，这一惊人的发现，就像在浙闽大地上发掘出了一座中国古代桥梁科技史中的"侏罗纪公园"。当时，茅以升先生称木拱廊桥为"即在世界桥梁史中绝无仅有的木拱桥"。

浙南闽北的编梁木拱桥发展脉络是否如大多数专家们推断的那样呢？也有一些专家持有不同的观点，泰顺和庆元方面均有研究成果，此处分开叙述。

一、泰顺木拱桥的发展体系

夏碎香，泰顺县文博馆第一任馆长，十几年前，她在查阅《分疆录》时，三条桥在清朝重修时发现唐瓦的记载映入眼帘。根据这条极宝贵的线索，她到三条桥去寻找唐代瓦片。最终虽然没有找到唐瓦，却在三条桥屋檐上发现了宋"绍兴"年间的瓦片。唐代瓦片的记载和宋代瓦片的发现，为研究三条桥的发展史提供了宝贵的实物依据。

《分疆录》关于三条桥的记载

　　如果说"三条桥的历史源于唐"可以确定的话，唐时的三条桥是否就是编梁木拱桥？泰顺县文博馆第二任馆长张俊长期从事木拱桥的研究，在其撰写的论文《泰顺木拱廊桥发展历史探讨》中提到："泰顺木拱廊桥是一个独立的发展体系。泰顺的木拱桥技术萌芽于唐宋时期，成熟于明代中期，是在本地区不断改良而成的。"张俊认为，泰顺编梁木拱桥历史发展脉络鲜明。三条桥在清道光年间重建时，发现有唐代贞观年号的瓦片。近年经过实地考察，又在桥上发现了刻有宋绍兴七年（1137年）的瓦片，还在上游10余米处的石壁上发现唐宋时期的旧桥遗址。文章还认为，泰顺编梁木拱桥的发展是从多柱式到逐渐减少桥柱和逐渐把桥柱往外移的过程，然后再发展到完全不用桥柱的"飞桥"。目前还未见过其他地区有多跨式木桥向"飞桥"发展过程中的过渡性桥型资料，但是泰顺三条桥旧桥确为过渡性桥型。假如那时有现成的北方"虹桥"技术传入的话，也就不必去走弯路，再去尝试三条桥旧桥这种桥型了。

按此观点推演，我们先来看几座不同构造的廊桥：

三柱桥：木平廊桥，位于三魁镇下武洋村。桥长15米，宽4.4米，跨径1米。顾名思义，三柱桥是因溪中立有三根石柱承托桥底梁木而得名的。在梁木下顶以石柱，可以增加梁木的受力能力。

南阳桥：伸臂式木平廊桥，位于泗溪镇玉岩村。建于清同治九年（1870年），桥长4.1米，宽4.6米。南阳桥的构造特点是在溪中建石墩，然后在墩上叠架木梁，向左右平衡伸展。这种双向伸臂木梁桥始于简支木梁桥的一种构造形式，可以增强木梁的承托作用，同时还可使木柱在纵向有一定的稳定性。浙江很多山区的木桥都采用这种构造。

城水桥：八字撑式木拱廊桥，位于龟湖镇后章岗村。桥长15米，宽4.1米，跨径8米。"八字撑"桥梁已粗具木拱桥雏形，使木拱廊桥技术的出现成为可能。"八字撑"式的廊桥中，横坑的霞庄桥构架还比较简单，城水桥的拱架中已出现"剪刀撑"。

三柱桥

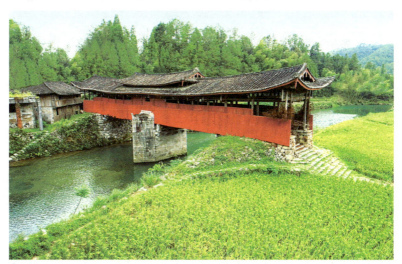

南阳桥

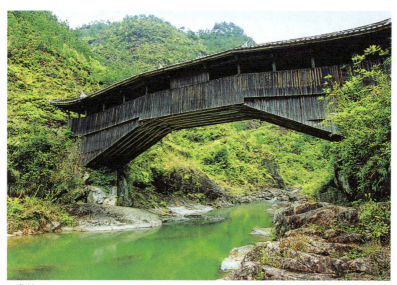

三条桥

三条桥：编梁木拱桥，位于洲岭乡和洋溪乡的交界溪上。现桥建于清道光二十三年（1843年），长32米，宽4.9米，高12.6米，净跨21.2米。三条桥的木拱桥技术已相当成熟，除了必需的杆件之外，没有任何多余的构件，体现了古代廊桥工匠的高超技艺。

从构造来看，三柱桥属于梁桥的一种（梁桥是指用梁木作为桥的直接且是主要承重构件的桥梁），但是溪流超出一定的宽度后，这种构造就不适用了。伸臂式廊桥的出现，解决了这个问题，它巧妙的结构大大缩小了桥梁跨度（如南阳桥）。但木平梁桥有一个普遍的缺点，因为它离水面不高，往往容易被洪水冲毁。于是，工匠

八字撑构架的池源桥

们又发明了另外一种桥型，将底架抬高的桥梁——八字撑式廊桥（如城水桥）出现了。这种桥梁类型的发明，可以说是桥梁史上一个质的飞跃，而编梁木拱桥正是在"八字撑"廊桥的基础上进一步完善而成的。

上海交通大学力学专家沈为平和早年就已与泰顺结缘的上海交大副教授刘杰，曾多次深入泰顺考察，寻找泰顺编梁木拱桥的发展脉络。他们认为，泰顺编梁木拱桥并非由北方传入，而是本地土生土长的产物，是本地先民的创造。因为在泰顺，有一整套由梁桥发展到编梁木拱桥的桥梁类型，有一个完整的发展体系，而在北方却没有发现这么完备的发展体系。

复旦大学温州籍教授吴松弟则认为，泰顺很多姓氏是从福建迁来的，移民带来的文化在泰顺入土扎根后演变为具有本土特色的文化个性，但要追本溯源仍然要到福建去。对于浙南闽北编梁木拱桥技艺的传承脉络，他大胆设想，有可能是从福建经泰顺传到丽水地区的。

二、庆元木拱桥的发展体系

经过大量的研究和论证，庆元木拱桥的历史发展轨迹逐渐清晰起来：庆元编梁木拱桥萌芽于唐宋，成熟于元代，鼎盛于明代，

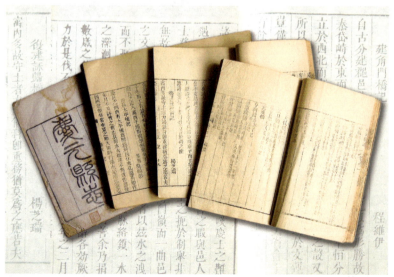

清光绪版《庆元县志》记载的有关廊桥史料

转型于清代，具有脉络清楚的历史连贯性和自我发展体系。

（一）萌芽于唐宋

随着唐宋经济文化的发展，对交通的需求与日俱增，北方京杭大运河漕渡的船只越来越大，为了便于通过，石拱桥、木拱桥应运而生。而浙闽山区溪流落差大，山洪爆发时泥石杂木俱下，一般有桥柱的木板桥和平梁桥一冲即垮，所以逐渐从八字撑梁桥和伸臂叠梁桥的基础上发展为编梁木拱桥。庆元有史记载的木拱桥见于北宋，据大济《吴氏宗谱》记载，早在大济吴氏先祖吴崇煦迁入之前（吴崇煦于公元1004年迁入大济），大济村就有临清、莆田两社，社坛就设在临清桥和莆田桥上，四时祭祀，香火鼎盛。也就是说，双门桥和莆田桥的始建年代应在1004年之前，就从这年算起的话，也比北宋青州虹桥出现的时间早30多年，比《清明上河图》中的虹桥早100多年，比现在始建最早记录的闽清合龙桥早130多年。临清桥上中梁书天圣二年（1024年）修建，那么始建年代向前推移50年就是五代十国时期，向前推移100年就是唐末。

临清桥现在叫双门桥，源于吴崇煦的两个儿子吴毂、吴毂分别于天圣二年（1024年）、景祐元年（1034年）双双考取进士，族人为宣扬盛事，于临清桥两头各竖一座木牌坊，形成一桥兼社庙连二坊"三者合一"的特殊建筑格局，为激励和昭示后人努力进取，取双门进士之意，将临清桥改名为"双门桥"。

双门桥

　　双门桥和莆田桥拱架结构是从八字撑架桥的基础上发展而来的，有几个鲜明的特点：

　　一是工匠们在一座桥的拱架上采取两个系统，即用三节苗木拱组与五节苗木组相间交错排列，形成拱形木梁架。但第二系统的五节苗与后来发展的五节苗有较大区别，平苗（第三节）特别短，只有20厘米。两支平行的横枋木靠得很近，如不仔细观察，会误以为是四节苗组合结构。

　　二是为了避免左右滑动，在"大牛头"与"将军柱"的空间设计"人"字撑加固。

三是靠岸的竖排架上的"将军柱"直通上部廊屋，使木拱架和廊屋连成一体，整座桥更为稳固。

四是桥面用横板铺就，没有坡度，与两岸道路呈水平排列。

（二）成熟于元代

元代中期，内外战争基本停息，比较重视手工业和建筑业的发展，在木建筑理论上继北宋《营造方式》、《木经》之后，元代著有

《庆元县志》中记载的双门桥和莆田桥

《经世大典》和《梓人遗制》，南方建筑在细致的基础上引进北方粗犷的风格，具有去华从简、厚重自然的建筑特色。这一时期庆元留存的有咏归桥、濛淤桥、查洋桥。其中以咏归桥和濛淤桥为代表，是编梁木拱桥建筑艺术臻于成熟的典型桥式。

咏归桥的特点：

1. 从整体上看，具备了元代粗犷、高峻、大气的时代特色。它采用重檐双坡顶，高坡长廊，举架高峻，正脊与翼角起翘显著，具有明显的元代建筑特点。引桥设亭台，颇为壮观。桥面凸出明显，改木板铺就为大块河石和不规则的条石铺砌。粗看好像杂乱无章，细看有菱形图案，具有元代的装饰风格。

咏归桥

2. 桥墩加固加厚。元代已经注意到拱形建筑物具有强大的反弹力，桥墩要特别坚固的特点，工匠们用大块石砌成又高又厚的桥墩，既壮观又牢固。

3. 在主要部位木拱架上有了新的改进，与双门桥相比，平苗加长，拱架形成较为匀称的五折边形状。改"人字撑"为两层"剪刀苗"，这样受力更加均匀，能有效避免桥体侧移，构造更为稳固。

4. 寻求整体和谐美观。在桥的两端引桥部分建方亭，南北向各开圆月形拱券门。明崇祯十五年（1642年）第五次修建咏归桥时，在原有结构的基础上，取"女娲补天"之意，添建了重檐歇山顶的补天

濛淤桥（摄于1983年）

阁，整座廊桥如蛟龙昂首，气宇不凡，成为一座典型的园林廊桥。

（三）鼎盛于明代

明初，统治阶级总结历代王朝兴衰的经验教训，竭力主张通过发展生产，"阜民之财，息民之力"，给民"实惠"以求达到长治久安的目的。这一时期官府重视农业和手工业生产，解除了奴仆关系，建立起雇佣关系，无地农民相对自由，手工业得到了发展。工匠轮班进京服役，服役期满可以"自由趁作"，交流了先进工艺。在这种相对宽松的政策之下，庆元香菇又受到朱元璋的皇封，特许庆、龙、景制菇专利权，香菇业空前繁荣，庆元菇民遍及大半个中国。随着香

兰溪桥

菇经济的崛起，庆元的道路桥梁建设也开始大兴土木，而且从官吏到商贾、富户都有炫耀的欲望。据史料记载，当时有位知县叫杨芝瑞，他以"苟利于民，何惜劳瘁"为座右铭，不惜重金召集邻近州县的能工巧匠筑路建桥，庆元一时名师云集，各路工匠大显身手，各展才艺，于是庆元的木拱廊桥建造技术达到登峰造极的程度。现在，庆元共有明代留存的廊桥10多座，其中木拱廊桥有如龙桥（国保）、兰溪桥（省保）、袅桥、白云桥、夹金桥（遗址）、濛淤桥（遗址）；石拱廊桥有步蟾桥、富林观音桥、殿桥等；木平梁桥有官局桥、蛟龙桥、外村桥、阜梁桥（遗址）等。

白云桥

这一时期的特点主要有：

1. 木拱桥从小跨径向大跨径发展，达到木拱桥单孔拱跨长度之极限，现存的兰溪桥就是这一时期的典型代表。兰溪桥建于明万历二年（1574年），全长48.12米，是中国现存单孔跨度最大的木拱桥。后来清代造的超过36米的木拱桥遗址有：张村岙头桥单孔跨距

袅桥

43米,张村桥37米,南阳桥40米,左溪金石桥40米,足见超宽木拱桥的建筑盛况。

2. 解决了承接关键部位的横枋木(俗称牛头)的技术难题。木拱架三节苗与五节苗的牛头用抗腐防裂的杂木树种古槠木等为原料,三节苗的大牛头要连接平苗、斜苗、剪刀苗榫卯的四个不同方向、不同方位的20个木拱件,而且要根据苗木大小、弯直和不同斜度划墨,榫接不差厘毫。五节苗的上牛头要开凿三个不同方向、不同形制桥苗的卯眼，其中上五节苗斜撑木卯眼8个，平梁燕尾榫卯眼9个，纵梁（桥板苗）的燕尾榫卯眼9个，共26个卯眼。诸多部件穿插别压采用牛头榫卯连接，使整个拱架紧密无间，形成一加一大于二的功效，大大增强了木拱架的支承荷载力，同时有效减少了纵向推力和反推力，达到抗弯、抗压、抗拉、抗侧移的奇妙效果。

3. 与此前的木拱桥相比较，兰溪桥的拱架结构技术更加科学合理，其中它在桥苗之间增加了一个小排架（俗称青蛙腿），桥面立柱与枋木之间设了一个方形框架（俗称豆腐架），这样起到稳固重心，均衡受力的作用。方形框架上面铺一层木板，再依次铺上箬叶、木炭、沙石，最后墁砌溪石，科学解决防潮、防腐、耐磨、防火、透气、稳固桥身的问题。

4. 由于当时有文化的名人志士参与和工匠轮班服役的熏陶，把宫殿建筑和宋代遗风吸收到廊桥上，更加注重整体造型，外观优美。"国保"如龙桥，于明朝天启五年（1625年）修造，廊屋设计特别精致。它北端建三重檐歇山顶钟楼，与旁边的马仙宫殿相互映衬，中厅造重檐歇山顶，内设大禹神龛，中间顶部施藻井，如意斗拱层层叠加，如莲花绽放，风雨板开几何小窗，意味无穷。如龙桥集楼、亭、桥、庙于一体，增加了观赏价值和艺术价值，是木拱桥景观化、园林化的典型杰作。

5. 石拱廊桥逐步代替木拱桥。其代表有明万历年间修建的步蟾

首座列入全国重点文物保护单位的木拱桥——如龙桥（郑承春 摄）

如龙桥斗拱工艺

步蟾桥

桥,它既具备了木拱桥无法比拟的牢固性,又保持了廊桥的功能,为清朝大量建筑石拱廊桥开了先河。

(四)转型于清代

清代是封建主义经济日趋没落,并逐步向资本主义转化的历史阶段。清初,满洲贵族入主中原,民族矛盾突出,清政府建立积极的民族政策,全面接受汉文化,任用汉人为官,学习汉语及传统的文学艺术,在建筑上也接受了汉族的传统艺术和技术。庆元虽然地处偏远,社会经济发展同样受到这种政治文化的影响,并反映在桥梁的建设上。这一时期,由于木材资源相应减少,传统木拱桥的建造数量随之下降,石拱桥的数量明显增加。庆元廊桥的建设更加多样

后坑桥

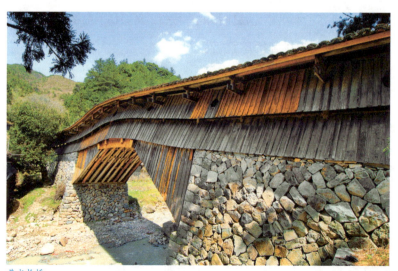

黄水长桥

安溪桥（叶荣兴 摄）

化，木拱桥、石拱桥、平梁桥，各种桥梁纷纷出现。据史料记载，清代庆元建造的木拱桥有后坑桥、黄水长桥、廻龙桥、竹坪桥、安溪桥、角门岭桥（遗址）、张村岙头桥（遗址）、南洋桥（遗址）、左溪金石桥（遗址）等10多座。另外还建有石拱廊桥20多座，木平梁桥20多座。

这一时期的特点有：

1. 清王朝既有"康乾盛世"，也有"垂帘听政"，由兴而衰，危机四伏。地方官员无所适从，以建桥修路为主要政绩。这一时期，木拱桥营造十分注重追求跨度，建成单孔跨36至43米的木拱桥就有张村

光绪版《庆元县志》记载的《建角门桥记》

垱头桥、张村桥、南洋桥、金石桥、角门岭桥等5座。由于拱跨过大，大木头相对缺乏，采用细长的木材原料，怕拱架承载力不足，换石砌桥面为木板桥面。这样桥体变得轻浮不稳，多数桥梁都处于风雨飘摇之中。到20世纪五六十年代，被风吹垮了五六座，至今没有恢复。廊屋部分追求豪华，对角门桥，光绪版《庆元县志》这样形容："如飞虹亘两山之间者，桥之形也，重檐飞栋，麟次而纵横者，长廊邃阁，架于桥之上也，峨然双峙，骞翥于桥之左右者，丽谯之楼也，修垣曲扉，有亭翼然于石壁之畔者，储英庄也。"足见廊屋高耸，有摇坠之感，今不见存桥，只留遗梦。

2. 从现在留存的清代木拱桥来看，柱径、檩径、梁枋变小变细，一些不必要的斗拱全部消失，可见清朝木架构造的简化细化及砖石的广泛采用，都在廊桥上得到了反映。以黄水长桥为例，全长54.9米，桥面阔5米，拱跨只有17.4米，引桥加长，有廊屋21间，是全国廊屋最长的单孔木拱桥。又如后坑桥（红军桥）桥面用花砖铺砌，有舒适感。

3. 木拱向石拱转型。清代200余年间，全国官私建筑桥梁总量比任何历史朝代都要多，木材的积储又日渐稀少，在建材上采用石、砖为基本发展趋势。庆元也不例外，当时20米以上，梢径为24厘米以上的大杉木为数不多了，且木拱桥要经常维护修理。建石拱桥比较牢固，

竹坪桥的五节苗桥拱

并且实用，新建桥梁逐步由木拱向石拱转型。故清朝石拱廊桥就有20多座，没有廊屋的石拱桥就更多了。

综上所述，庆元以及浙南闽北的木拱桥，具有历史连贯性，自我形成、发展的脉络清晰，有着自身的独立发展体系。目前，这种观点得到越来越多的专家、学者的赞同，浙江省文物考古研究所陈云根先生还就此撰写了专题论文《浙南木拱桥结构与起源探析》，系统地阐述了这一观点。

[贰]建筑特色

"凌虚千尺驾飞桥，势控长虹挂碧霄"（清·张天树《仙陵古意》），编梁木拱桥仿佛横空出世般飞跨溪流两岸，雄伟的气势给人一种强烈的震撼。人们对编梁木拱桥最感兴趣的也许就在于奇妙的拱架结构。20世纪80年代初期，同济大学建筑系路秉杰教授在日本东京大学讲学时，曾谈及《清明上河图》中的虹桥结构，他当场用筷子搭出了拱桥的模型，并解释此类桥梁结构的合理性，还在报上撰文称之为"中国一绝"，虹桥结构在日本引起轰动。

编梁木拱桥主要分布在浙南山区的庆元、泰顺、景宁、龙泉、青田，以及闽北的寿宁、连江、罗源、宁德、福安、古田、屏南、松溪、政和、周宁等县市。各地对编梁木拱桥的称呼也有较大的差异，如庆元叫"阙桥"，寿宁称"厝桥"，是因为桥拱上建有廊屋。周宁称"暇蛄桥"，泰顺称其为"蜈蚣桥"，庆元也有人称之为"喜鹊窝桥"，是表示其结构与虫鸟的自然形态相似。松溪称"筷子桥"，则一语道出了至今仍流传于浙南闽北一带的儿童玩耍的"筷子戏"，实际上是用筷子搭接的木拱桥模型。

由于承建工匠不同，各地的编梁木拱桥可以说是千姿百态，精彩纷呈，但是桥梁的结构却基本一致。

编梁木拱桥由拱架和廊屋两个部分组成。它的拱架结构是一项很有价值的创造，主要有纵骨（俗称三节苗、五节苗）和横骨（俗称大牛头、小牛头）组成，每个节间以若干并列的纵骨和架在纵骨上的横骨构成。整个结构，除两端拱木脚架在桥台卡口外，都是通过木构件的纵横相贯，穿顶别压，相互承托，逐节伸展，最后达到完整与稳定。

由于桥是受压的，利用受压产生的摩擦力，构件之间就会越压越紧。这种结构，不用钉铆，采用传

三节苗与五节苗穿插别压，构成木拱桥系统

红色：三节苗
蓝色：五节苗
黄色：牛头梁

三节苗、五节苗、牛头梁示意图

统的榫卯技术，只需用相同规格的杆件，别压穿插，搭接而成。从力学上分析，上端的纵梁压在横梁上，上下两根纵梁夹住一根横梁，摩擦力使得横梁不能滑动，结构简单而奇巧。这种结构，整体受压，不会产生弯曲，就每一根杆件来说，又是最简单的简支梁，承受两种集中荷载。

木拱桥有很好的受压性能，只要两端固定，桥就能很好地承受向下的荷载。但是，由于结构的特殊，桥受到向上的反弹力，就很容易失稳遭受破坏。为此，泰顺、庆元的编梁木拱桥都采用廊屋与拱架结合的形式，桥上的廊屋非但不是负担，反而增加了桥的稳定性。拱架与廊屋连接部分，采用桥两端的四根"将军柱"（又叫天

黄色：将军柱

将军柱示意图

门柱），从木拱架底垫木直通廊屋
顶部，使廊屋和拱架浑然一体，这
样重心下移，桥体更加稳固。泰顺
和庆元的编梁木拱桥廊屋大多不
采取封闭的做法，或开窗，或设栏
杆。人行廊屋中，或休憩于廊屋的
木凳上，视线穿过透空的廊屋，窗
架将桥外的风光分割成若干部分，
窗外的山光、水色、云烟、竹影，使
真实的风景产生图画一样的效果

桥屋内供人休息的桥凳

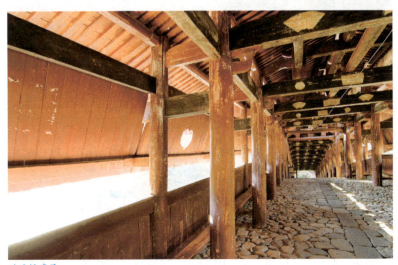

兰溪桥廊屋

独特的桥面处理工艺

而更具观赏价值，这种开窗的做法与古代园林的借景手法有异曲同工之妙。将廊屋两旁的风雨板（挡风板）改为栏杆的做法，则可起到虚实相间的效果。

庆元木拱桥在桥面处理方面手法独特，十分科学。具体做法是：先在桥面板上铺好箬叶，再在箬叶之上铺木炭，然后铺沙石料，再砌鹅卵石或条石、香糕砖，由于桥面与桥板之间有箬叶和木炭的

桥身涂上红色三重檐的潆秀桥

刷红油漆的班岱后村头桥

桃坑村接龙桥里的画梁

隔离层，有效地达到了防潮防腐的目的。

在泰顺和庆元两地，有相当数量的木拱桥都在风雨板上刷红漆，既能起到保护木板的作用，同时也增添了廊桥的美感。红色的运用使编梁木拱桥整体色彩印象有别于周围呈绿色的自然环境，突出了廊桥的主体地位，又能与周围环境的斑斓色彩融合起来，相得益彰。

编梁木拱桥的屋檐一般设两层，翼角飞挑，似盘龙卧虎，颇有吞云吐雾之势。屋脊平缓有序，转折处弯曲有度。翼角稍稍伸出后，微微起翘，远看给屋顶增添了一份动感，近观有飞扬之势，这也使形制较大的廊桥有了几分轻灵。浙南编梁木拱桥中，部分廊桥桥屋

廊桥屋脊上的龙饰

建造歇山屋顶，原本随着桥屋的高低变化而产生的屋檐线条就已富有动感，歇山屋顶的构建，使屋檐变化有了主次之分，更具有强烈的韵律感和明快的节奏美。

　　木拱桥的种种营建形式，使桥的外观更加优美，而桥的功能也得到拓展和完善。它不仅为山区群众的交通提供了方便，而且它集桥、亭、庙为一体，成为人们休息、避雨、交流、交易、祭祀的重要场所。

[叁]风格类型

　　浙南廊桥，类型多样，风格迥异，在峰回水转、沟壑纵横的山野中构成一道道美丽的风景。从建筑构造来看，廊桥、木拱桥、编梁木拱廊桥，三者之间有着紧密的联系，同时又是不断缩小的范畴和概念，其中以编梁木拱桥最具科学技术含量。对廊桥进行分类，关键在于清楚分析桥梁拱架结构技术。桥梁专家曾对泰顺县境内廊桥进行了对比考察和研究，勾勒出桥梁发展谱系：（1）简支木梁桥→（2）中间有支撑的木平梁桥→（3）两端设斜撑的木平梁桥→（4）向编木拱梁结构过渡的木拱桥→（5）浙闽编木拱梁桥→（6）由编木拱梁结构向编木拱过渡的木桥→（7）编木拱桥（汴水虹桥）。要完成此谱系，需要经历七个桥式的发展过程。除第（6）种桥式的实例在与泰顺县相邻的庆元县发现外，其余六个实例全部是泰顺一地拥有。如果这一木桥向木拱桥发展演变过程的假想成立，那么，在浙闽山区独立发展编木拱梁廊桥的观点就可能成立。

笔者基于以上的理论基础和对各式廊桥的理解与认识，将浙南地区的廊桥大致分为简支木梁廊桥、伸臂木梁廊桥、斜撑木梁廊桥、单孔石拱廊桥和编木拱梁廊桥等五种。

1. 简支木梁廊桥，即在简支梁上架设廊屋的桥梁形式，用木梁作为桥的主要构件。此种桥式的主要表现形式有两种，一是木梁凌空架构两岸，如墩头桥；一是梁下以石柱支撑，如三柱桥、刘宅桥 等。

2. 伸臂木梁廊桥，伸臂梁结构是以简支梁桥为基础的技术演进，即在桥墩（石作）顶部递次叠架木梁，逐层悬挑而成。一般做法

刘宅桥

登云桥

是一层纵一层横，最上一层是横向的支点枕木，架设主平梁原木。伸臂梁材质有木、有石，也有采取木石结合的手法。如登云桥、南阳桥、永庆桥等。

3. 斜撑木梁廊桥，也称为八字撑廊桥，主要包含上述"两端设斜撑的木平梁桥"和"向编木拱梁结构过渡的木拱桥"两种。此类桥式主要集中在泰顺县，形制较简单的如上洪南庆桥（编者原本将此桥归入简支木梁廊桥一类，与有关学者商议后，认为此桥亦含八字撑的巧思，应归入斜撑木梁廊桥一类），最具代表性的应为城水桥。

城水桥

4. 单孔石拱廊桥，即在石拱桥上建以廊屋的桥梁，石拱构件利用天然石料加工而成，结构稳定耐久。此种桥式，木石结合，材尽其用，十分合理。采取此种桥式进行营造的地区相对较多，如毓文桥。

5. 编木拱梁廊桥，由拱架和廊屋两个部分组成，拱架主要由纵骨（俗称三节苗、五节苗）和横骨（俗称大牛头、小牛头）组成。此桥式除两端拱木脚架在桥台外，其他均通过木构件纵横相贯，别压穿顶，相互承托，逐节伸展，最后达到完整与稳定，如北涧桥、如龙桥。

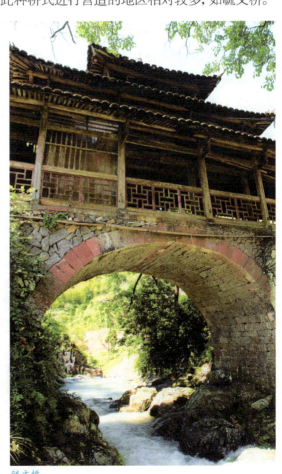

毓文桥

[肆]文化内涵

一、泰顺廊桥文化概述

（一）廊桥的建造

几千年来，"修桥铺路"是公认的善举，自然容易受到多方鼎力支持，具有雄厚资产的士绅，更是乐意花费巨资。

泰顺廊桥由官府修建的有登云桥、仙居桥等。登云桥为明正德年间由泰顺知县刘桐主持修建，万历年间署县通判车登云重建；因水患而屡毁屡建的仙居桥（古代泰顺县城通往温州的重要桥梁），也多次由官府修建。民建的廊桥占绝大多数，一般由当地家族中有名望的人担任首事，如薛宅桥、三条桥、文兴桥、永庆桥、南阳桥

仙居桥

等。泗溪玉岩五显庙前的地坪上，立着南阳桥捐缘五块大石碑，密密匝匝地记录着捐资建桥人的姓名，石碑上还有"勒石骈书垂之永久"、"喜助钱文者，祈各子孙昌盛"等文句，立碑时间为清同治九年（1870年）。从刻着稠密的捐款人姓名的石碑来看，当年建桥得到了众多人的支持。建造廊桥，乡民们有钱出钱，有力出力，资产丰厚人家解囊相助，贫困门户则或出工或捐木。《重建锦溪桥记略》中描述族人到自留山伐木捐助时说："或一家一支，或二三四家（一支），或八九十家（一支）不等。"但也有的家族由于经济实力薄弱或募捐不足而出现窘境，如岭北泰福桥，造型美观大方，但廊屋内的梁柱构架选材和工艺都不甚讲究，大概是没有经费勒石刻碑，也不像南阳桥那样在竣工后"勒石骈书垂之永久"，只好将捐助人的姓名写在了廊屋的梁木上。

　　主持建造廊桥的首事一般有好几人，其中一人为"主首事者"。首事们担负着多方面的重任，既要东奔西走"写缘"筹资，又要呼吁乡人同心协力捐木出工。

　　洪水是廊桥的大敌。只要查看有关泰顺廊桥的史料，便会频频出现"洪水冲坏"、"桥毁之因，兼因水患"等有关水毁桥的文字。"桥梁史就是一部洪水史"，这句话虽然有失偏颇，却也道出了洪水对桥梁造成的巨大破坏。所以，廊桥在建造之初，首事都要组织人员勘地择址。

洪水是廊桥的大敌

　　在城水桥梁木的记载中，出乎意料的还有堪舆师的名字。原来，在建桥之前，乡民先请风水师进行勘察。廊桥建成后，将他的名字题写在栋梁之上，以示尊重，这种有堪舆师名字记载的廊桥在泰顺其他地方尚未发现。

　　据当地人讲，在现桥之前，城水桥曾多次毁于洪水。桥毁期间，为能保持交通畅通无阻，乡人只好架巨木过渡，以作权宜之计，同时邀请闻名县内的龟湖堪舆名师王石玉到实地勘察择址以建新桥。王石玉精通风水形势、理气之法，对建筑选址非常内行。王石玉从风

薛宅桥

向、水害等方面权衡后最终确定桥址。城水桥建成后至今未被山洪损坏过。

春秋两季是山区多雨水的季节，山洪暴发也特别多。很显然，在春秋两季建桥是不合时宜的，因此，工匠们大多在枯水季节的冬季建桥。在募捐到足够的资金后，求大木，择工师，运用上等材料以求廊桥坚固，聘请能工巧匠，以求工艺精致。

在泰顺民间传说中，编梁木拱桥拱架"合龙"是这样进行的：先将梁木用绳索捆绑起来，两岸拉绳索的民工在"绳墨"（廊桥主工匠的别称）一声令下后，一齐放开手中的绳索，两岸拱架的梁木便合聚到一块。

拱架合拢并非如传说所言的纯粹通过两岸吊绳搭置而成。如今许多编梁木拱桥下的溪滩岩漈上仍有许多当年建桥时留下的柱孔，这些柱孔就是当时搭置拱架之前为设置撑架所打凿的。

泰顺廊桥的建造乃至维护，主要由当地的家族组织主持进行，乡民们对公益事业的热忱及和衷共济的精神对廊桥的建造和维护起到了无可替代的作用。有了一大批具有善缘心的捐助者，更需要工匠的聪明才智和高超技艺，才使高山深涧中出现了一座座造型各异、波光潋滟的廊桥。

（二）古道和廊桥

泰顺现存的廊桥有很大一部分都处在重要的古道上。罗阳镇登云桥，位于县城南门，又名"镇南桥"，是

温州大道与仙居廊桥

建于明代的罗阳石亭

仙居桥

廊桥上往来的挑夫（李永在 摄）

泰西南区进城及县城通往福建省寿宁县的重要桥梁，刘宅桥地处县内腹地要冲，是泰顺往来福建省福鼎县的必经津梁。

踏上"温州大道"罗阳至仙居的一段，沿途可看到古道上的许多文物建筑。清代文人张天树曾作一首瑰丽的长诗描绘古道景物，题为《仙陵古意》："罗山日暖春花吐，迎春门接仙源路。三阳过处是石亭，杨柳湾深锁烟雾。高低岭尽见清溪，长空一道飞虹度……""飞虹"即指遐迩闻名的仙居桥了。据《分疆录》记载，仙居桥为"明知县郭显宗建，成化十九年六月洪水冲毁，弘治四年知县范勉重建，嘉靖三十九年崩圮，四十二年知县区益重建，今康熙十二年

北涧桥旁的商铺

正月里人复造之"。 建在泰顺官马大道——"温州大道"上的仙居桥"外达温州，洵为要津"，如果桥梁毁坏，则"临流病涉，行者苦之"。从明景泰年间始建至清康熙年间，仙居桥历经四次修建，说明了它在这条道路上无可替代的重要地位。

儒家文化的孝悌观念和提倡积德行善的思想在廊桥的建造中得到了实践。廊桥又称风雨桥，为路人提供了避风雨的场所，也是长途跋涉翻山越岭在大山深处的行人们的休憩之所。廊屋内设有长长的坐凳，部分廊桥旁设有店铺，行人可以买到点心充饥，大多廊桥旁设有供行人免费饮用的茶水，为风尘仆仆奔波在古道上的人们提供了解渴便利。廊桥这种类似于路亭的功能体现了建造者浓浓的人文关怀情意。廊桥不仅是千千万万人途经的驿站，也是众多捐助者"善缘人生"中一个美好的驿站，桥碑上经常大刻着"广种福田"四字，即为此作出了诠释。也许从廊桥中，我们可以体会到更多大山乡民的人生真谛。

（三）廊屋中的祭祀

泰顺和庆元编梁木拱桥大多兼有宫庙的功能，为民间祭祀提供了独特的场所。桥屋中的神龛所处的位置并不一致，有的设在廊屋正中边廊间；有的则设在桥头一边，正对廊桥走道；有阁楼的廊桥，便将神龛设在楼上。

设有神龛的廊桥往往与同样建在村落水口的宫庙形成一个祭祀中心。泗溪溪东桥旁就建有临水殿、陈大翁宫、三宝殿等庙宇建筑，这座临水殿是泰顺所有同类神庙中规模最大的一座，香火也最为旺盛。

南溪桥还进行一年一度的祭祀活动，场面的隆重在县内廊桥祭祀中极为少见。每年农历七月七，当地的家族都要汇聚到这里举行大型的祭祀活动，在八仙桌上摆起供品，燃起香烛，然后由尪师做

溪东桥

刘宅桥内的祭祀场所

道场，现场香烟袅袅，鼓乐声声。农耕社会靠天吃饭，虔诚的乡民们在廊桥内磕头作揖，祷告五谷丰登，合家安康，也祈祷廊桥的平安。

溪东桥和南阳桥都是在廊屋内设神龛祭祀神灵，刘宅桥、永庆桥和毓文桥则专门开辟楼层作为祭祀场所。刘宅桥古称仙洞虹桥，据《魁峰高阳刘氏洞下桥记》载，刘宅桥"一为高阳本境风水之系，一为往来负任担荷之便，一为经商过客休息之所，一为秋七迎福康乐之会"——"迎福康乐之会"，乡民们又称为"做福"，每年都要举行一次。毓文桥二楼的小阁楼，名为"文昌阁"，登梯而上，阁楼外的香炉香烟缭绕，可知人们依然在虔诚地祭拜这位主功名的神灵。

将宫庙设在桥头的不多见，三条桥是其中一座。三条桥小宫就建在正对廊屋走道的山脚边，宫内塑神像，神龛内和小宫前都有石质香炉。设在宫外的露天香炉，乡民俗称"天地炉"，为祭祀天地神灵时烧香用。

廊桥神龛的祭祀对象各地并不统一，有佛教的观世音菩萨，也有道教中的门神神荼和郁垒，尉迟恭与秦琼，还有能给读书人带来好运的文昌帝君和帮人发家的财神爷赵公明。除此之外就是地方神灵，如临水夫人陈十四、马仙姑、当境地主爷等。佛教人物观世音是廊桥神龛中受祭祀最普遍的对象，南阳桥、泰福桥等就供有观世音的神像。

每年农历七月七是南溪村祭桥的日子，祭桥的文疏叫《七夕文

文兴桥内的神龛

泰顺南溪村七夕祭祀桥（林上兆 摄）

疏》，常年主持祭桥的尪师还保存着手抄本的《文疏》，主要内容有：

"上祖创立宫庙，庄塑真仙佛像一堂，递岁祀奉香灯；集福七夕，庆旦清福，净供一筵，处备香灯茶果；宣封懿政马氏嘉祐真人圣前，恭望真仙列慈下临；众等所种田园早禾苗六种在洋，正当茂盛，衔花吐穗，结实之际赖圣驱除蝗虫、鼠蚁无惹害，山猪麂鹿逐远遣，地鸟野兽永无迹。禾苗青秀雨水均，田园六种全收熟，五谷丰登茂盛降瘟疫，豺狼虎豹远他乡，童子老迈男康女泰，风调雨顺国泰民安，福无疆。六畜多兴旺，合村宅舍得太平，诸般等事大吉祥。"《七夕文疏》虽句读无序、文理欠通，但从中可看出，"国泰民安，风调雨顺"、"田园丰收，家运吉昌"等一系列良愿的实现都寄托到廊屋中的神灵身上，说得十分明白。对乡民而言，这些都是最实在的追求。

源远流长的民间崇拜和祭祀在古村落中有着多种存在形式，在廊屋中设神龛，使其成为一处祭祀场所，与其他崇祀建筑中进行的民间祭祀既存在着一定差异又有着相互联系，是独特的区域文化相互渗透融合而成的乡土文化现象。

（四）廊桥旁的老街

走进泗溪南溪村村头，穿过一段卵石路，就到了南溪桥边。桥为木结构，廊屋间架很古朴，屋檐装饰精致异常。廊桥旁还保存着一段原始风貌的老街，在清末民初时曾是泰顺著名的商贸之地。

以桥为中心，将商业街划分成两半，当地人分别称为上街和下

南溪桥旁的老商铺

街。泗溪白粉墙老街和下桥村集市的兴盛都晚于这条老街。以南溪桥为中心的南溪老街衰落之后，北涧桥旁的商铺和附近白粉墙老街开始兴旺。北涧桥与白粉墙都在公路上下到溪边的古道边，沿着卵石路向北涧桥走去，两株古树茂密的树冠就像老翁的须发轻轻抚掩着古桥及周围古朴的民宅，若隐若现。桥头的一条石板小街是整个村子的中心，东边是廊桥，西边是民居。廊桥山花的飞檐与民宅的屋檐犬牙交错在小街之上，自然形成了风雨街道。桥头及屋檐下很适宜地设置了一些石凳木椅，人们可随意找到休息的地方。村民无事时便在桥头休憩，说天道地，买卖交易。北涧桥在修建之初，就考虑到了与邻近建筑的结合，这一点可以在桥与其他建筑物的连接上看出：桥柱上预留了榫口与其他建筑物相接。北涧桥旁的商业街现存店铺重建于五十多年前，以前店铺的规模比现在的还要大得多，因火灾而毁于一旦。北涧桥老街上有药材店、南货店、布店等，现在我们仍然可以看到贴在门楣上的"林仁和号"南货店店名。

柳峰墩头桥所在地是一个多姓杂居的村落，在廊桥的周围至今还存留着大量商业建筑。透过这些鳞次栉比的店铺，我们还可以遥想到当年人气的兴旺，商业的繁华。在最兴盛的年头，墩头桥廊屋内也摆起了小摊。以廊桥为中心建造的这些商业店铺中的商品，有来自福建桐山的，也有本县的特产。当年人气聚集的墩头桥老街现在已冷清了下来，但我们通过字号牌匾、店堂标牌等仍能感受到当年浓厚的商业气息。

普宾桥与墩头桥一样，同处在"桐山大道"上。普宾桥因地处交通要道，在建造时曾得到泰顺、寿宁、桐山、平阳、柘荣共五县群众的捐助。桥梁竣工后，还有一部分捐助款未用完，于是又在桥头建了一幢五榴的茶亭，雇人烧茶给路人免费饮用。

刘宅桥、薛宅桥等廊桥，不仅是当地乡民买卖交易的场所，在桥头还建有供路人休憩、住宿的旅社。薛宅桥旁的商业街当地乡民称为"营岗店"，山里山外的客商将各类商品集聚到这里，这条老街也成为三魁附近一带乡民贸易的重要场所。时至如今，营岗店已被改造，成为一条现代街道。

　　廊桥的所在地往往成为一个村落的中心，这与廊桥本身具有多重身份有着紧密的联系。从以上所述的几个地方来看，当廊桥成为一个村落的中心以后，商贸集市自然也就以廊桥为中心而形成了，这种过程是非常明显的。廊桥的存在与商贸店铺的出现似乎与地理环境有着不可分割的联系，廊桥的存在，在某种意义上来说聚集了兴旺的人气，这是村镇或者古代重要交通古道上商业店铺赖以持久繁荣的基本条件之一。

　　（五）廊桥与风水及水口环境

　　水口在古代村落的空间结构中，有着非常重要的地位。水在民间传统文化中被看作是"财源"的象征，古人择居选择村落基址，对"天门"的要求不太高，只要有水流出即可，代表"有滚滚财源来"的意思。但对村落出水处的"地门"讲究则相当严格，"地门"必须关锁，财源才不会流失。

　　在地理环境不如人愿的时候，"风水补救"便应运而生了。水口的风水补救主要表现在引水、植树、建塔和造桥上。泰顺许多廊桥都扮演着风水改造的角色，乡民们又把廊桥称为"风水桥"，即说明了廊桥在风水中的身份。比如，当一个村落的水口太宽时，便在两山之间建造廊桥来关锁水口。泰福桥就有补救风水的作用，据说当年建造泰福桥，原本计划建三层廊屋，以增加桥屋的高度，更能遮挡开阔的水口，但由于经费不支，最终只好建一层桥屋，绳墨出于泰福桥要起到改造风水的作用，将屋檐改为三层，使廊屋增加些许高度，以利于遮挡水口。

　　泰顺乡村传说人物有江西阴阳、张阁老、罗隐、陈十四、张十一等。其中，"江西阴阳"的传说几乎流传于每一个规模稍大的村庄。在有关江西阴阳破风水的林林总总的传说中，他们"使坏"的手法大而分之不外乎三种：一是破坏风水树，二是打路断龙脉，而廊桥也成为江西阴阳破风水的"媒介"，即第三种手法——恶意指导乡民建桥梁来破风水。水口是古代家族非常注重营造的重要区域，一般通过建筑物和种植树木等方式进行人文改造，使之更符合人们意愿中美好的格局。万排茂竹园的水口原本有一座廊桥，后由于公路建设被改造成石拱桥。关于在此处建桥，也有江西阴阳破风水的传说：茂竹园的两条龙脉拱抱着整个村落，交汇于水口处，极为佳美。心怀恶意的江西阴阳来到此地后，假意说两条龙脉相交并非祥兆，需要将它们断开，不明就里的谢氏族人依照江西阴阳之意，在水口建造廊桥，如此一来便断开了龙脉相交，风水由此受到破坏。

　　廊桥在村落中，具有多方面的功能，风水补救的功能普遍受到人们的看重。古人认为风水的好坏直接关系到家族的祸福，廊桥如果受到破坏，水口的风水也因此不完美。廊桥建了毁，毁了建，无论家族经济薄弱或雄厚，族人都要想方设法尽快将廊桥恢复如初。这除了廊桥在其他方面的功能以外，与它在风水方面的重要性是分不开的。这样看来，廊桥与家族的兴衰就紧紧地联系在一起了。桥存村兴，桥毁村败，在实用功能和精神寄托的双重功用下，乡民们如此看重廊桥的营建和维护就不足为怪了。

如果说风水是一门环境选择和改善的学问，那么在水口建造廊桥便是这门学问进行实践的重要方式之一。廊桥又常与"风水林"结合起来改造水口环境，如古代仙居和上洋等村落的乡民均有这种手法的运用。从仙居溪一直往上，途经岭北村尾村后到达上洋村，这三个村落水口的溪滩中都有"风水林"，借助挺拔茂盛的松林遮挡水口。风水林与廊桥结合来改造水口风水，起到互相补充、相得益彰的作用。如果水口太宽阔，单单建造桥梁显然不足以遮掩水口，乡人便在溪滩中栽种松树，时日一长，便形成松树林。但有些地方，溪流中没有可栽种树木的溪滩，树木只能栽种在水口溪流的两岸，无法完全遮挡宽阔的水口，于是横跨溪流的廊桥便发挥了它的作用。

村落水口的古树与廊桥往往互相烘托，相映成趣，使村落水口成为乡村中一道独特、优美的风景。这种方式恰似园林布局的对景手法，村落的水口环境被文人士绅所看重而着意去营造，使之更符合人们对环境美和趋福避凶的心理追求。

二、庆元廊桥文化概述

（一）廊桥与风水

庆元廊桥大多将桥址选择在村落的村尾、水口，这就是古人把廊桥营造与"风水"联系在一起的具体表现。在庆元人的心目中，一个地方的"风水"，不仅事关全村人的贫穷富裕，而且还与村庄的兴隆衰败、吉祥凶险联系在一起。营造廊桥于水口，既能方便交通出行，又能留住"风水"，自然成为了各个乡村相互效仿、大兴土木的最好选择。我们从一些遗存下来的桥碑、桥匾上可以看出，廊桥的营造和修建，往往都是民众共同努力的结果，可以说是不论贫富贵贱，有钱的出钱，有力的出力。在修造过程中，还有很多复杂、烦琐的风俗讲究，民众总是按照程序要求去做，不折不扣、不厌其烦。在廊桥的使用过程中，大家对廊桥也是十分爱护和珍惜，如果有人占用或毁坏，就会遭到全村人指责，有些村庄甚至把保护廊桥的相关内容写进家规族规和村规民约。

庆元人对村庄水口的重视，不仅表现在廊桥的修建与保护上，还表现在对周边环境的经营管理过程中。除了在水口营造廊桥以外，许多村庄还在廊桥边修建庙宇祠堂，在桥头种植大量树木，称之为"风水林"，并进行严格保护。桥上的一砖一瓦，林中的一草一木都不容损毁。正因为这样，庆元有廊桥的地方，周围大多古木参天，环境优美，形成了意境清幽的特色景观。

"建造廊桥，留住风水"的做法，不仅在民间十分盛行，而且得到了古代的社会名流、官吏文人的极力推崇。据县志记载，清朝康

处在风水林和社庙旁的三堆殿桥

熙年间，庆元知县程维伊就曾经亲自倡议建造了角门桥。他在《建角门桥记》中说，庆元"其士敦诗书习礼让，彬彬乎弦诵之风，足与上国名邦媲美。而三岁宾兴升诸司马者，寥寥无几，识者未尝不扼腕而叹庆士之难遇也"。他认为，"士之扼于制举非无故也，松源之水，

风水林中的黄洋村护龙桥

自东振迅而来，至角门岭一曲，邑之文澜于斯萃焉。向之有其才而难遇者，以兹水之洩而不聚，故若此若架木为梁，以接两山之脉络，锁一水之回旋，文运殆一助乎"。程维伊的倡议，立刻得到追随者的响应，第二年"重檐飞栋"的角门桥就矗立在松源河上了。一方主政者对建桥留"风水"尚如此重视，乡村社会的盛行就不足为怪了。从角门桥的建造过程中，我们也可以看出，古代庆元建造廊桥不仅仅是交通的需要，有些桥的兴建更重要的目的是留住"风水"。

在庆元，廊桥又叫"风水桥"，它已经不是一般意义上的桥梁，而是寄托了山区群众避凶趋福的深切愿望，承载了一方百姓对美好生活的无限向往，廊桥可以说是古代庆元人精神文化心理的一种象征。

（二）廊桥中的祭祀

廊桥是"风水桥"，在廊桥中进行祭祀，就是顺理成章的事情了。这样，廊桥就成了宗教信仰的活动场所，具备了寺庙、道观的功能。在庆元的古廊桥中，每座廊桥都供奉有神佛，这些神佛各不相同，大济的莆田桥和双门桥（临清桥）供奉的是社主，黄水长桥供奉的是观音和土地爷，其他桥上供奉的还有真武大帝、大禹、弥勒佛，以及地方神灵陈夫人、马夫人、菇神吴三公等。

廊桥上供奉祭祀没有统一的时间和程序，但是，每年有几个重要的民间节日，必然有人前来拜祭。一是春节前的黄道吉日，二是清

大济卢福神庙会双门桥参社（杨晓君 摄）

三堆村每年一度的迎神节庙会

明节，三是农历七月十五，四是重阳节。另外，许多乡村每年夏秋之际还要举行一次"迎神节"，它的具体日子因村而异，活动内容却都是将廊桥上的神佛"迎"到村庄中进行祭拜。

在庆元民间，"迎神节"是仅次于春节的重要节日，有些乡村对其重视程度甚至要超过春节。

值得一提的是，至今庆元还一直流传着一种与廊桥密切相关的传统民俗活动——端午"走桥"。

每年的农历五月初六，也就是端午节的第二天拂晓，来自全县及周边地区的妇女，头插鲜花，身着色彩鲜艳的传统服饰，带着粽

庆元端午"走桥"习俗

子、水果、茶点、香、烛、黄纸、鞭炮等祭品，分别来到位于庆元县城
附近的双门桥、袅桥、咏归桥等三座桥上，进行一年一度的"走桥"
活动。

"走桥"者要先在廊桥中间的供桌上摆好祭品，点上香进行祭
拜。然后，点燃十双香拿在手上，肩上挂六个粽子，嘴里唱着歌词吉
祥的民间小调或山歌，跳着传统祭祀舞蹈，以边走边舞的形式由桥
头走到桥尾，再从桥尾走到桥头，一共要走十来回。每走两个来回，
就在桥头、桥中、桥尾三处往河里各扔一个粽子。走完十趟，再到桥
下的河边找一块大石头，在上面摆上茶点、水果、香、烛、纸、粽子，

进行点香烧纸唱祷、祭拜，而后把所有祭品扔进河里。之后，再回到桥上祭拜，把自己带来的所有香纸、经卷烧掉，燃放鞭炮。最后，包好桥上祭拜后的祭品，带回家分给家人吃，表示能子孙兴旺、福禄无边。

关于"走桥"活动的来源，庆元民众中有几种不同说法：

1. 对爱国诗人屈原的纪念。古时候，庆元民众对屈原的祭祀非常隆重，纪念活动从五月初五开始，五月初六结束。由于端午节前后是南方多雨季节，祭祀活动常常不得不从河边移到廊桥上进行，后来便形成"走桥"这样固定的群众文化集会。

2. 据史料记载，庆元的古代乡村社坛就设在廊桥上面，廊桥供奉社神之外还供奉着观音等佛教神像，是佛教信徒活动的主要场所，"走桥"是古代宗教活动的延续和发展，是民众祭拜神灵祈求平安幸福的仪式。

3. 最普遍的一种说法认为，"走桥"是庆元先民对廊桥文化崇拜的一种反映。在庆元方言中，"桥"与"朝"同音，俗话有"朝上有人好做官"之说，人在桥上走就寓意"朝上有人"，意味着飞黄腾达，大富大贵。由于"走桥"的活动迎合了普遍的社会文化心理，所以有较广泛的群众性。

"走桥"以廊桥为主要活动空间，集传统服饰、民间歌舞、祭祀祈祷仪式为一体，可以说是庆元民俗文化的集中表现，是我们了解古代乡村社会历史、宗教、文化、艺术的重要窗口。

（三）廊桥与菇民

庆元廊桥与当地的香菇经济、菇民，有着千丝万缕的联系。庆元是人工栽培香菇的发祥地，800多年前，庆元的吴三公发明了"砍花法"香菇栽培技术，把它传授给附近的庆元、龙泉、景宁三县民众。从那时起，生产香菇就成了当地人民重要的谋生手段，并逐步发展为一大传统经济支柱产业。据记载，新中国成立前夕，庆元县从事香菇生产的菇民有8万多人，占当时全县总人口三分之二左右。

菇民是庆元历史上特有的一个特殊劳动群体。他们春夏两季在家乡耕种微薄的粮田，每年深秋时节背井离乡，远赴福建、江西、广东、安徽、湖北等地的深山老林中生产香菇，第二年春天再回乡耕种，岁岁年年，周而复始。这种候鸟般的游牧生产方式，决定了他们每年的春秋两季，都有一个长途跋涉的艰难过程。

旧时庆元，舟车不通，徒步而行是连接山外世界的唯一方式，对于菇民这样一个穷困的群体，一路上的亭子、廊桥，不仅是他们歇脚休息、遮挡风雨的场所，而且还是他们热食就餐、投宿过夜的免费旅店。所以，菇民与廊桥有着其他人群所没有的特殊情感，穷困时在廊桥中留宿，一旦香菇丰收、赚钱发迹，他们也十分乐意捐钱捐物建造廊桥。

现在，庆元有古廊桥的地方，几乎都是历史上的传统菇民区。据有关部门调查了解，有多座廊桥就是由菇民募捐建造起来的。此外，菇民离家远赴菇山前要到廊桥上祭拜、许愿，祈求来往顺利、香菇丰收，回乡时也必须到廊桥上祭拜、还愿。现在的庆元菇民虽然已经不再远赴菇山了，但是，春秋祭拜廊桥的习俗一直延续到今天。

庆元廊桥与菇民有着无法割舍的内在联系，可以说，廊桥是了解研究庆元社会经济发展，特别是研究传统菇民生活、香菇经济、香菇文化的重要载体。

（四）桥田与桥山

庆元木拱桥不仅在营造过程中有缘首、董事，而且在使用过程中还有一种常设的民间组织——董事会，专门负责桥梁的日常管理、维护、修缮。董事会有的因桥而设，称某某桥董事会；有的以村而设，称某某村桥董事会，同时负责几座桥的相关事宜。董事会的人数从几人到十几人不等，董事的人选有的是建桥时缘首、董事的自然延续，有的由民众推举或增补，一般是村里的族长或有威望且热心公益之事的人担任，董事也叫桥董。

为了维持桥梁管理、维护、修缮的长期费用支出，庆元的木拱桥自古以来都有专门的田产、山场，俗称"桥田"、"桥山"。"桥田"、"桥山"有的用募捐款项购买，有的由附近的财主、富户直接捐赠，捐赠时要立田契、山约，捐赠之后即为"桥田"、"桥山"，由董事会经营管理，所有的收入都由董事会用于桥事开支。桥梁的日常维护修缮有长期的物资经费来源，又有桥董事会负责管理操办，这样就形成了廊桥"永续利用，造福百姓"的有效运行机制。

光绪版《庆元县志》对"桥田"、"桥山"有明确的记载，关于咏归桥就有这样的内容："道光二年置买官陂头段内租十把水，道光十年又买大坂洋土名山下垄、又名瓦窑下租五十二把水所有新旧田契，领粮单一并粘簿交与经理董事吴东垣掌管……（咸丰）八年置买山场一片，坐落魏溪白蒙湾安着，上至岗顶，下至田，左至坑，右至湾，蓄篆杉树备用。"直接募捐"桥田"、"桥山"以八都菊水的同济桥为最多，捐田捐山者达18人，共有"桥田"、"桥山"20多处："余村者宾范则兴舍八都黄弄土名军田大租二十四把，土名湾丘大租

咏归桥桥山林木

咏归桥桥山碑石

十一把，监生范振荣舍余村土名垄口大租四十把……林广增舍杉树山场一处，坐落六都涂坑麻山大湾安着……"

新中国成立初期，庆元有"桥山"60多处，"桥田"30多处，这些固定资产为桥梁的维护修葺提供了物质保障。1951年，庆元县实行"土地改革"，所有的"桥田"都划分给各村的农户，"桥田"从此退出历史舞台。大部分"桥山"也在土改中"分山到户"，但是也有小部分得到了保留。据了解，松源镇咏归桥和五都桥，至今还有一部分"桥山"的产权归桥梁所有。

从上述情况，我们可以看出，廊桥董事会以及"桥田"、"桥山"在庆元曾经长期存在，同时，它充分说明桥梁在当时乡村社会中的重要地位，桥梁给百姓生活带来的深刻影响。因为廊桥而建立专门的民间保护组织机构，设置专门的物质、资金来源，在中国的桥梁文化史上十分罕见，它为保护廊桥发挥了重要作用。

以廊桥为载体，对廊桥董事会、"桥田"、"桥山"进行深入的研究，是我们打开古代乡村社会结构、乡村经济组织、乡村自我管理、乡土文明如何形成之谜的一把金钥匙，具有深刻的社会历史意义。

（五）廊桥与乡村文化传播

在相当漫长的岁月中，地处浙西南一隅的庆元，由于大山的重重阻隔，总是以一种与世无争的姿态，迈动着悠闲缓慢的历史脚步，社会、经济、文化的发展都相对滞后。在自然经济占绝对主导地位的乡村社会，除了必需的生产生活设施之外，公众文化设施踪影难觅。可是，人们在任何情况下，都不会以一日三餐为满足，于是村里的凉亭、路口、桥梁、寺庙就常常成为传播文化信息，开展精神文化活动的重要场所。

在过去的庆元乡村社会中，廊桥的文化功能是其他任何公用建筑都无法比拟的。廊桥既有比较宽敞的场地，又有廊屋遮风挡雨，还有桥上固定的长凳，无疑是最理想的文化娱乐场所。虽然廊桥上几乎都有神龛，供奉着神佛，但是它毕竟是桥，不是正式的寺庙，相应的忌讳也就少了很多。从史料记载和近年的调查结果来看，庆元现存的古廊桥中，位于村庄内或者村落旁的廊桥，都进行过不同形式的文化娱乐活动，是乡村文化的"集散地"。

庆元廊桥中的文化娱乐活动可谓是形式多样，丰富多彩。春节舞灯在庆元乡村十分盛行，有"唱灯"、"龙灯"、"鱼灯"、"狮子灯"等。正月初五至正月十五元宵节，是民间的"灯期"，各个村庄都有一两支灯队，要到附近十里八村的家家户户去表演。无论是本村还是外村的灯队，在进村表演之前，必须先在"风水桥"上表演，村里的男女老少要在桥上"迎灯"。

按照传统习俗，正月十五的元宵灯会也在廊桥上举行。这天晚上，村中的家家户户都要把预先制作的灯笼、马灯挂在廊桥上，进行观灯、赏灯、评灯。村里的各种灯队也必须当天结束走村进户的表演，晚上在廊桥上进行最后的演出。各家各户春节没燃放完的鞭炮、花炮，都要拿到廊桥附近尽数燃放干净。极尽狂欢之后，灯队在廊桥上停锣息鼓，等来年再结团组队，另起炉灶，村人也要在子时之前，把自己的灯笼迎回家中，任其烛尽而灭，表示"年"已过完，平常的日子开始了。

春节前后，有些村庄还要请戏班在廊桥上演出，而且往往一演就是十天半个月。虽然戏都是在桥上演给全村人看，但由于出钱"请戏"的对象不同，对"戏"的叫法也不同。有"桥田"、"桥山"的廊桥，由廊桥董事会出钱的场次，叫"桥戏"；由全村人集资请演的场次，叫"大众戏"；由村里的财主、大户出钱的场次，叫"请戏"。平常，村里财主、富户办喜事时，也会请戏班在廊桥上演戏。老人做寿时请演叫"寿戏"，儿女结婚叫"喜戏"，喜得贵子叫"添丁戏"。

所以，庆元廊桥上的演出可谓是好戏连台，丰富多彩。据考证，庆元的"菇民戏"（又叫"二都戏"）就是从廊桥的演出中萌芽、形成、发展，成为了在浙江、福建、江西等地产生广泛社会影响的地方

廊桥与"菇民戏"

剧种。

　　廊桥不仅是乡村的"剧场",它还是乡村的"书场"。虽然乡村的"灯会"、演戏大多选择在廊桥之上,但是类似的文化娱乐活动在农耕社会中毕竟过于奢侈,不可能经常举行,最普遍、最常见的是廊桥上的说书"讲古董"。过去,庆元的乡村文化生活十分枯燥,听人讲故事是最好的消遣。据大济村、月山村的老人回忆,从他们记事起的民国时期一直到20世纪80年代,廊桥都是他们听故事的地方,这种传统从什么时候延续下来,已经说不清楚,至少可以上溯到他们的爷爷那一代人了。

　　特别是闷热的夏季夜晚,村人都喜欢聚集在村中的廊桥上乘凉，在享受河风习习的同时，听说书人讲各种各样的故事。村里有两三名相对固定的"讲古董"人，虽然没有报酬，却是廊桥上倍受欢迎和尊重的"明星"。他们讲述的内容大致有：《水浒传》、《三国演义》、《封神榜》、《隋唐演义》、《薛仁贵征东、征西》，以及当地一些传说故事等。

不仅如此，由于廊桥是人气最旺的公共场所，村人的是非恩怨、东家长西家短都在这里评说、流传，一些家族会议、全村人的会议也在这里召开，村里的大事在这里宣布，村规民约最先贴在廊桥的风雨板上。江湖卖艺者在这里摆场子，外地来的买卖人的生意在这里开张，甚至连"夜哭郎"的纸条也必须先贴在廊屋的柱子上。

漈洲桥是休闲娱乐的好场所（郑承春 摄）

　　这样丰富多彩、包罗万象的廊桥文化活动，不仅活跃了乡村文化生活、传承了民族历史文化、传播了知识和文明，而且在这种"润物细无声"的过程中，塑造了庆元乡村社会的文化精神。一代又一代的桥乡人，就是在这种"廊桥文化"潜移默化的影响下成长，形成了他们的人生观、价值观、道德观，形成了他们独立的品性与人格。廊桥是庆元乡村社会的一个缩影，桥乡人民孕育了博大精深的廊桥文化，廊桥文化又反哺了桥乡人民。

营造实录

造桥工匠们通过长期的劳动实践，通过不断地积累经验，以及言传身教的传承和改进创新，形成了一整套独特的营造技艺。营造技艺，是木拱廊桥之所以形成、发展的核心技术，也是世界古代桥梁史上十分珍贵的非物质文化遗产。

营造实录

[壹]泰顺同乐桥建造过程

在很长一段时间里，廊桥作为物质文化遗产的保护已得到高度重视，但对于无形的手工技艺的保护并未受到关注。随着国内桥梁专家和各地文物保护工作者不断深入的考察，发现的廊桥数量越来越多，目前浙南闽北地区虽然发现了几位建桥艺人，但是关于技艺的图文记录却非常稀少。

2002年，中央电视台"探索·发现"栏目组曾赴泰顺拍摄专题片《虹桥寻踪》，希望能找到一位民间廊桥工匠，用摄像机记录运用传统工艺建造编梁木拱桥的全过程。当初满怀希望地来，无奈带着失望而归，当时并未在泰顺境内找到能建桥的艺人。最后，央视摄制组在福建省寿宁县小东乡找到了廊桥工匠郑多金师傅，为了丰富专题片内容，摄制组拿出了一笔钱，请老师傅在村里搭建编梁木拱桥。当时只是为了配合专题片的摄制，这座桥体量很小，郑多金师傅前后花了6天时间，简单地演绎了编梁木拱桥拱架的搭建，这是国内首次运用现代影像手法记录木拱桥传统营造技艺。

泰顺这个"廊桥王国"自从被发现以后，便受到了广泛关注。泰

董直机介绍木拱桥的构建过程

顺县文化部门乘势而上，积极申报各级文保单位，目前已有19座廊桥列为国家、省级文物保护单位。但廊桥的保护在非物质文化遗产方面仍是一片空白，想要有所突破，得先掌握廊桥工艺方面的情况。经过大量寻访，终于在泰顺县岭北乡村尾村发现了当时79岁的廊桥工匠董直机。消息传出后，一石激起千层浪，引起了国内媒体的广泛关注。董直机师傅在接受各路新闻媒体采访之余，悄悄在家制作起编梁木拱桥模型，他要让自己构思了几十年的廊桥样子渐渐清晰起来。

2004年8月，在村尾村村长潘成松的带领下，村委会成员负责筹措资金，董直机师傅负责廊桥建造技术，众人准备木材，同乐桥重建正式动工。笔者曾先后20多次深入岭北乡村尾村，记录下同乐桥建造的全过程（以下文字，根据笔者对建桥环节的记录进行叙述）。

一、伐木·择吉

时间：2004年9月16日。

9月中旬的岭北乡清晨，放眼望去，云遮雾绕，若隐若现。

大清早，村里的几个壮汉背着工具上山了。领队赖保柱说，为了能挑选到建桥用的好木材，到人迹罕至的深山老林里去。最远的地方要走上半天才能到达，从那片山林再往前走，就是与泰顺县毗邻

深山伐木

的福建省寿宁县境内了。

今天要带回一批木料，作为编梁木拱桥的五节苗和三节苗。采料的林子就在村子对面，看看在眼前，走起来却要花上半个小时。"遥闻前山相对语，跨绕溪谷数里程"，这是唐代诗人罗隐到泰顺后留下的诗句，对泰顺山势地貌的描述真是生动形象极了。

午饭时间，主首事潘成松向其他一位首事问及上梁择吉的事情，对方回答说已经交代村里的某某办妥，择吉单就放在他家中。择吉就是选定吉日、吉时和方位，以避开凶神恶煞，是民间一种以时空方位的讲究定时间的风俗。在乡土社会里，人们婚嫁、动土、乔迁、修灶、安葬、出行都要择吉。

由董直机师傅主持建造的岭北乡泰福桥，就有个择吉的传说。据说，当时择吉师只交代说要在某日早晨上梁（并未说明几时几刻），尔后又嘱咐首事，当看到村外有戴铁帽的人进来，村内有铁拐李出现时，即是上梁的最佳时辰。当人们祭祀梁神和木工神的仪式结束后，村外果然有一个头顶铁锅的人进村来了，"头顶铁锅"不就是择吉师所说的戴"铁帽"的人吗？而此时村里又有一个老人拄着拐杖（即择吉师所说的铁拐李）到村尾看上梁，择吉师的话得到应验，人们一面惊叹择吉师的神乎，一面点起鞭炮，开始上梁。

岭北人对桐山（现福建省福鼎市）的择吉师很信服，几百年来，建桥立屋都要跑到桐山去挑日子。同乐桥的建造，像动土、上梁等

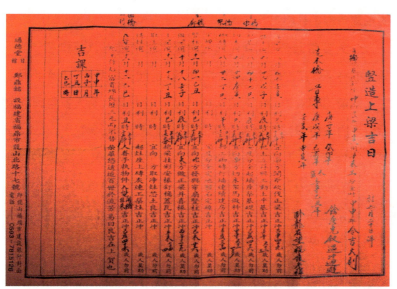

造桥的择吉单

几个重要的环节都要挑选特定的日子，而这些"吉日"也是首事潘长松托人到桐山找择吉师挑选的。笔者找到了保管择吉单的那户人家，看到了那张鲜亮的红色吉日单，上头用墨字密密麻麻地写着许多很难看懂的内容，竖排体，有一行字很醒目："农历十一月十三日，上梁。"

二、寻牛头

时间：2004年11月19日。

"牛头"是指拱架上横置的梁木，因体形大，受力足，能够顶住拱架两边众多梁木"拱"过来的巨大压力，而形象地称之为"牛头"。

村尾村水口两岸已经建起桥墩。岸上堆满了从山林里抬下来的长木头桩，大多已削去树皮，再过一段时间，晾干后，工匠们将按照尺寸制作各种各样的桥梁构件。牛头并没有抬到建桥现场，而是摆放在董师傅家门口的场地上。给它翻个身，得五六个人一齐使力。牛头上凿了许多卯孔，到时将有许多梁木的榫头进行入槽安装。

同行的媒体分别对村长潘成松和董直机师傅进行了采访。潘成松是建桥的第一首事，建桥的大小事情，都要他去协调和处理。绳墨董直机，则主要负责技术方面的事情。两个都是重要角色，缺一不可。

在所有的桥梁构件中，除了栋梁，数牛头最重要。栋梁的

董直机在选木拱桥构件"牛头梁"

牛头梁

重要，是因为其身份比较尊贵，地位比较高，但对制作栋梁的木料，要求不高。牛头就不同了，因其在编梁拱架中的位置特殊，功用明显，选牛头梁看走了眼，弄不好就会梁塌桥毁，不可不慎。

潘成松给我们讲了一件有趣的事情：为了找到合适的牛头梁，他发动不少人，村前村后满山找。最终虽有不少发现，但那些被看中的大家伙，或因品种稀有，或因活的年岁比较长，都已经列入"古树名木"的保护对象。想要挖走它们，没得到审批，那可是犯法的事，而且想要拿到政府的批文，几率几乎为零。

正当他们一筹莫展的时候，事情有了转机。当年的16号台风侵袭这个山村的时候，刮断了后山的一棵大松树，而这棵大树正是当时牛头梁的"候选"对象。潘成松跑到县里办了伐木手续后，叫了几个人抬下山来让董师傅取料做牛头梁。真是应了"踏破铁鞋无觅处，得来全不费功夫"这话。

三、栋梁

时间：2004年11月29日。

根据时间安排，农历十月十八（公历11月29日）是砍栋梁的日子。我们经常说"良辰吉日"，砍栋梁的"吉日"是农历十月十八，"良辰"则是当天早上7点至9点的"辰时"。砍栋梁是一个很有内容的民俗事象。

建桥开始的时候，几位首事就商定凡是涉及风俗讲究的，都按传统方式操作。问题是，虽然祖祖辈辈一直都生活在这块土地上，风俗习惯得以一脉相承，村里的老老少少或多或少都有所接触。但现在毕竟时日不同了，现代文明的冲击，使传统乡俗发生了改变，如果一切按部就班，年纪轻的就摸不着头脑了。绳墨董直机说起上梁习俗的祭祀程序和要准备的七宝袋、七星锤时，负责这块事情的首事赖保柱，赶紧拿出了随身携带的笔记本，一一作了记录。

董师傅提到的"七宝袋"，是一个用红布制成的小袋子，里边装有"金、银、铜、铁、米"等七样"宝贝"。袋子外面写有八字，造桥盖屋各不同。如果是造房子，则书"丁财两旺，富贵双全"，造桥梁等公共建筑的，则写"风调雨顺，国泰民安"。"七宝袋"可不是谁都能制作的，必须是父母健在、待字闺中的姑娘家。

赖保柱说，找一个没有出嫁的姑娘倒是不费功夫，但现如今，既符合基本条件又会裁缝活的，哪里找去？旁人说，可以变通嘛，先找一个符合条件的姑娘，然后再由她去找裁缝师傅做"七宝袋"，或者干脆直接找一个裁缝师傅做好"七宝袋"，只要口头说袋子出自姑娘之手就可以了。

笔者跟赖保柱一起到村子的对面山上去祭栋梁。路上，他说从砍栋梁吉日前七天开始，每天都要去祭拜一次。问他为什么是祭拜七天，而不是八天、九天，赖保柱回答不上来。后来笔者问董师傅，他说七上八下嘛，"七"是向上的吉数，所以要祭七天。其中缘由，还是没弄明白。明天就要砍栋梁了，当天晚上自然就是祭祀同乐桥栋梁的最后一个晚上。只见赖保柱点起香火，在小瓷杯中加满酒，烧上一叠"纸钱"，恭恭敬敬地合掌拜了几下。简单的祭祀就算是结束了。

次日清晨7点半，山村还笼罩在雾气中，笔者随赖保柱他们上山砍栋梁。

栋梁是廊屋所有材木中等级最高、最具分量的木料，选取栋梁有着相当多的讲究。首先对于生长环境有严格要求，"栋梁"必须长在"洁净"之地，附近无茅厕和其他脏物；其次对树木本身也有要求，长相要好，除主干外，在根部要有长势良好的嫩枝，代表此木"后代"兴旺。还有，这棵树的拥有者必须父母健在，子孙兴旺，合家太平。

董师傅说，栋梁最早称"东梁"，在栋梁之下还有一根联系左右两根柱子的则称"西梁"。寿宁县那边有敬"西梁"为栋梁的习俗，因为"东梁"实际也有檩条的作用，要在上头钉钉子，但"东梁"有着尊贵的地位，钉钉子会伤及身体，所以把"西梁"作为栋梁。

栋梁木的地位比较高，身价也随之抬高。按岭北乡的习惯，红包的数字要根据木材的实际价格翻倍计算，比如这根木材市面上卖800块钱，给栋梁木主人的红包则要1600块钱。上山砍栋梁的一共3个人，这是个特殊的差事，首事给他们每个人发了一个小红包，另加一包香烟。

过了那条大溪，沿着昨晚走过的路，没几分钟就到了栋梁树的生长地。那是一棵杉树，有着20多年的树龄，周围地面干净，树木主干很直，枝繁叶茂。在主干根部的长着新枝绿叶的新干，有碗口那么粗。

赖保柱弯身拔掉树脑旁的杂草后，招呼大家坐下抽起了香烟，等待最佳时辰的到来。赖保柱今天砍栋梁的时辰为"辰时"，也就是早上7点至9点。接近8点钟的时候，赖保柱站了起来，挥起斧头砍下去的第一刀，时针指向8点整。这是最佳时机，时间节点要把握好。

树脑砍了三分一后，赖保柱勒紧裤腰带，非常利索地爬上了栋梁木，将绳索捆在了树木的半腰处。捆住树木，是为了栋梁木将要倒下时，要拉住绳索让栋梁木向里侧倒下，不能向外翻倒，这也是规矩。

栋梁木砍倒后，赖保柱用锯子锯成主干、末端和顶端共三段。主干用作栋梁。末端取50厘米，日后制成"头梳付"，垫在栋梁下。顶端取3尺（鲁班尺，即84厘米）做"雀替"，安装在栋梁木两端的下方。除此之外，还要取几根顶端的枝条，绑在栋梁上。山头上的栋梁木，虽然被砍下安装在了屋架之上，但却以一种方式，保全了其身。

一切完毕后，在鞭炮声中，将栋梁抬下山去。栋梁下山后，从此

抬栋梁

不能着地，以保持它特殊的身份。到了工地，用"柴马"把栋梁架起来后，绳墨董直机当即与另外一位工匠赖永兵（十几岁时曾师从于董直机）用砍刀削去树皮，倒入溪中随溪流漂走。要是其他材木的树皮或剩料，人家可以捡回家去当柴木烧。栋梁木有着不一般的尊贵身份，树皮是烧不得的。

因为栋梁，使这一天成为同乐桥建造中的大日子。工匠完成栋梁的取材后，首事赖保柱给绳墨董直机包了一个红包。

四、影像记录·徒弟

时间：2004年12月9日。

温州电视台新闻综合频道"实事面对面"栏目准备在"世界最美廊桥"泗溪北涧桥旁录制一个有关廊桥保护的节目。12月9日，摄制组赴泰顺，笔者陪同他们到岭北乡采访董直机师傅。

车抵建桥现场，远远地看见有一个中年人拿着DV机在拍摄建桥场景。他叫范念兴，浙江电视台"帮助"栏目请董师傅到杭州录制

节目时，他始终跟随在董
师傅左右，并参与了现场
访谈。范念兴原本打算跟
董师傅学造桥，由于身体不
好，不能干体力活，只好放
弃机会。同乐桥建造的整
个过程，他并没有闲着，一
有空就拎上为记录建桥而
特意买的DV机，为"师傅"
董直机作记录。在为数不多
的录像记录者中，范念兴做
到了完整记录。

董直机的徒弟们

　　通过建桥进行收徒授艺，是绳墨董直机的一个愿望。2003年，
董师傅曾通过省市新闻媒体公开收徒，条件比较"苛刻"：能拿大斧
头、拉大锯的有建造过木结构老房子的木工，年龄在四五十岁左右；
能吃苦耐劳，建廊桥在野外风餐露宿，身体要强壮；未来的徒弟与
董老要投缘，头脑要活络，悟性要好。

　　刊发收徒信息的杭州《都市快报》接到了很多读者的电话咨
询，他们都想跟董直机学建桥技术。

　　由于想学手艺的人太多，董师傅收了五个徒弟。四个泰顺本地

人，一个瑞安人，叫金秀华。如果他们都把董师傅的手艺学到家了，或许是浙南闽北地区规模最大、实力最强的编梁木拱桥营造团队了。

五、搭拱架·将军柱

时间：2004年12月12日。

农历11月1日，同乐桥搭置拱架的日子。建桥工地上，一片繁忙。他们在忙着将一根根硕大的梁木抬到大溪边上。大溪的两岸，站满了远近乡村赶来看场面的村民。

"凌虚千尺驾飞桥，势控长虹挂碧霄"。对于编梁木拱桥富于巧思的构造，世人叹为观止。但这种桥梁究竟是怎样造成的，却少有人看到过。同乐桥的编梁拱架由两个系统组成。今天搭建的其中一个拱架，由27根三节苗编织而成。这一根根粗大的梁木，没有6个壮汉可抬不动它。梁木的榫头安置到牛头的卯位去，得丝毫不差，稳妥得当才行。要是安装不到位，拱架就歪曲了，变了形，走了位……问题可就大了。

看的人着急。绳墨董直机成竹在胸。在他的指挥下，大伙忙而不乱，有条不紊，一根根梁木顺利完成了榫卯连接。如果你站在高山上往这溪谷里看，这场面倒真像一群人在玩搭积木。

除了完成拱架的搭建，还要在"桥头"位置竖起两根大柱子，俗称将军柱。编梁木拱桥无一例外地都要4根将军柱，光从这个响亮的名字上看，你就知道"将军柱"地位之重要，身份之显赫了。同乐桥竖将军柱的时辰是巳时，上午9点至11点，而10点整则是立将军柱的最佳时间。在几串鞭炮噼里啪啦的一片炸响声中，6个壮汉分别将两根将军柱抬上了拱架，放到桥基的地梁上。用一根横梁将两根将军柱进行榫卯连接后，用白棕绳捆住两根将军柱，绳索的另一端由离桥头十几米开外的十几个汉子缓缓拉紧……原先躺在地上的柱子，徐徐地站了起来。

柱与梁形成了一个"H"形梁柱构架，屹立桥头，巍然不动。站在柱架下面抬头仰望，觉得那柱子真的有了几分将军的威风。

根据民间传说和谱牒的记载，搭拱架其实叫"合龙"或者"接龙"。传说中的"合

架三节苗

立将军柱

龙"，是先将梁木用绳索捆绑起来，两岸拉绳索的民工在绳墨一声令下后，一齐放开手中的绳索，两岸拱架便合聚到一块。

接龙也好，合龙也罢，是个什么样子？2001年8月，中央电视台社教中心文化专题部"探索·发现"栏目曾出资支持寿宁县廊桥工匠郑多金，运用传统方式搭置了一座小型编梁拱架。从央视的影像资料上可以看出，郑师傅是将一排苗木从溪中用绳索缓缓吊起进行合龙的。董直机师傅曾经参与过运用传统方式建造编梁木拱桥。他说，传统的编梁木拱桥确实采用合龙的方法，通过绳索"起吊"苗木安装拱架。但是这种做法很危险，民国年间，泰顺还因此出过人命。

出于安全考虑，同乐桥的建造，在拱架这部分，用搭置的方法代替了"合龙"。

六、三节苗和五节苗

时间：2004年12月15日。

还有几根五节苗安装到牛头上，拱架的搭置基本就算完成了。编梁木拱桥的拱架由两组拱骨相贯而成。第一系统用三节拱骨对接，各节并排九根拱骨，榫接在两根节点"牛头"上，使第一系统架成"八"字形。第二组用五节拱骨，各节并列用八根拱骨，榫接在四根"牛头"上。第一系统与第二系统拱骨相贯而成，交错搭置，相互承托，逐节伸展，使拱架结构具备了基本的稳定性。拱骨就是工匠们所说的苗木，分为三节苗和五节苗两种。

三节苗要比五节苗粗大许多，价格在600元左右，加上劳工，成本要上千元。一根五节苗的成本在700元左右。首事潘长松说，如果这些建桥的木料都要花钱买，那可是一笔不小的数目。好在，许多木材都是村民们捐助的。

搭建完成的三节苗

路边，工匠们正忙着用各种工具给苗木修整榫头。其中有一位叫梅振财的，看上去有五六十岁的样子，他是同乐桥建造的副墨，也称"二手"，相当于主墨的助理，是廊桥设计者董直机在技术方面最主要的实施者。

董直机师傅说，建成后的同乐桥共有三层屋檐，算是区别于境内其他廊桥的特征之一。泰顺廊桥中，有三层屋檐的，只有新山漈下桥一座，可惜在1990年时毁于洪水。从当年文物工作者拍下来的相片看，这座桥体量不小，飞檐翘角，很有气势。

今天完成最后几根梁木的搭置，同乐桥"别压穿插"的精彩构作便初现雏形了。再过一些时间，泰顺的青山秀水间，就会多一座宏伟而又风姿绰约的廊桥。

七、交剪梢

时间：2004年12月20日。

为了搭置拱架，溪流中架了一个很大的撑架，无数根木料密密麻麻，纵横交错。撑架拆除后，拱架就得"自立"了，凌虚飞渡，势控如虹，它的风姿和气势才真正得以显现出来。

在拱架的两端，安装了两组交剪梢。两根巨木交叉搭置，像一个硕大的"X"符号，因形似交剪（方言，即"剪刀"）而得名，是为了加

拱架与剪刀梢

强拱架的横向稳定性而设置的构件。技术上，浙南闽北的编梁木拱桥已比宋代的汴水虹桥成熟许多，交剪梢的设置，就是区别之一。

拱架之上，用木板铺出了一个台面，赖保柱说，那是为祭栋梁而准备的。在岸边不远处的树林旁边，我们看到了那根架在"柴马"上的栋梁。它从山上抬下来以后，因为不能落地的习俗，一直架在"柴马"上，上头依旧留着砍栋梁那天绑上的树梢枝和红纸。

董直机师傅和其他几位木匠忙着准备架设廊屋的木料，离同乐桥建造的又一个重要日子——上梁不远了。

八、写缘

时间：2004年12月21日。

首事潘长松经常拿出一本小册子，一页一页地翻看。他在犯愁，前期筹集的钱已经用完了。潘长松保存的小册子叫功德簿，也叫写缘本。在民间，如果因为建造公共建筑而缺少经费，首事就会打点行装，走村串户，寻求捐助。遇上乐善好施的人家，就在功德簿上记上姓名和捐助数额，日后刻碑铭谢。这就是写缘。

为了钱的事，潘长松没少费心力。一开始他也是采取写缘的方式，从村尾村到毗邻的村镇筹集善款。虽然最终筹到了10多万元钱，但离建桥所需的40万元仍有很大的差距。潘长松说，钱续不上，心里着急，饭吃不香，觉睡不好，人瘦了一圈。为了同乐桥的建造得到保障，从一开始到桥建成，办法想了不少，印发《倡议书》，到单位争取经费，到企业拉赞助，寻求媒体帮助……有的人冷言相对，但更多的还是热心肠的人，他们总是尽力帮忙。

建桥，筹钱，是一个艰难的过程。建造同乐桥最早的时候有七个首事，只有潘长松和赖保柱坚守到了最后，其他几位，用知情者的话说，是"知难而退"。

九、上梁

时间：2004年12月24日。

从22日开始，天就一直下雨。天气预报说，北方很多地方已经下雪了，接下来的几天，南方以小雨为主。同样关注同乐桥上梁的朋友打来电话问，如果24日下雨，上梁会不会因此推迟？笔者拨通首事潘长松的手机，他正在建桥现场为明天的上梁做最后的准备。他说不管雨多大，上梁照样进行，日子定了，就不能改。

到了24日，下了几天大雨，变成细雨了。近9点，人越来越多了。除了从附近村庄三五成群赶来看热闹的乡民，还有杭州、宁波等地来的摄影师。

桥头边，有村民在给一根长木杆包上红绸布。董师傅叫那木杆为"丈杆"，是大木师傅经常用的一把大尺子。把尺寸标在这根长条木上，再用它去衡量构件。这是个重要工具，工匠们尊称为"大师傅"。在上梁这天，要把丈杆请到桥头，穿上喜庆的"红衣服"竖立起来。丈杆的前面放着雨伞、鞋、镜子、剪刀和布尺等物件。丈杆是鲁班的夫人发明的，因此在祭丈杆时，也要放一些鲁班夫人发明的一些物件，伞和鞋就是其中几样。

在拱架的台面上，开始了梁神和鲁班的祭祀仪式。鞭炮和铜锣的声音，响彻山村，久久回荡在群山之间。大溪两岸，人越聚越多。天上虽然飘着细雨，但谁都不愿错过这难得一见的热闹场面。

梁神即栋梁神紫微帝君。栋梁是屋宇的命脉，一旦梁毁，全屋即塌，祭紫微大帝是不可或缺的环节。鲁班是我国春秋战国时期的著名工匠，他的名字，一直到今天还很响亮。《酉阳杂俎·续集》里有句话说得好："今人每睹栋宇巧丽，必强谓鲁班奇工也。"鲁班原本是一位历史人物，后来人们把有关他的传说不断丰富与发展，并逐渐神化，乃至被奉为世间瓦、木工匠的祖师爷和保护神。

柱架上贴着鲜亮醒目的红纸对联。栋梁上则贴着"玉皇鸾驾"四个大字的红纸，这四个字可有来头。如果是建民宅，栋梁上贴"紫微星君"四字，像廊桥这样的建筑，在廊屋中设有神龛，神龛里有观世音塑像，观世音是连皇帝都要跪拜的，得贴上"玉皇鸾驾"的红纸。

在绳墨董直机的主持下，栋梁缓缓抬上柱架，几位工匠将栋梁的榫头放到柱子的卯位上，绳墨董直机高喊"国泰民安，五谷丰登"，其他工匠用包着橡皮的大木锤将榫头敲入柱头卯位。安梁大事告一段落。

随即进行的是抛梁。工匠站在梁木上，边念吉祥语，边把挂在

上梁仪式

栋梁上的七宝袋抛到地板的布单上。据说抛梁习俗与姜太公有关联。《封神榜》里说，各路神仙是姜太公封的，他位高权重，因此在建造屋宇桥梁时，要在位置最高的栋梁上贴上"姜太公在此"几个大字。并用七宝袋敬奉姜太公，祈求得到佑护。

完成抛梁后，整个上梁仪式就结束了。首事把七宝袋拿回家放七天后，将袋内的油麻、花生、枣和米等分发给村里人家。很寻常的五谷杂粮，经过充满敬意的祀祷，已经多了几分祥瑞，蕴含着人们对生活的美好希冀。

十、小木·缠龙柱

时间：2005年3月6日。

木工有"大木"和"小木"的区别。建造房子、桥梁等大宗建筑的木匠称大木师傅，做家具、雕刻等行当的木匠则称小木师傅。同乐桥主墨董直机就是名噪当地的大木师傅。

据民间流传的口头信息，泰顺古代乡土建筑的木雕师傅有本地人，也有来自东阳、金华和温州等地的。泰顺本土是否依然活跃着一支从事雕刻的小木师傅队伍呢？带着这个疑问，笔者曾展开寻访，希望能掌握一些有关木雕师傅的资料。现在的乡村市场对于木雕需求已很小。很多上了年纪的师傅也都已过世，少数仍然健在的师傅大都已经好些年头没操旧业了，有些师傅甚至连当年朝夕相处的工具都已经找不到，坏的坏，送人的送人……

潘成叶是笔者在泰顺境内寻找到的几位雕刻师傅中最年轻的一位，但他从学艺至今已有十几个年头，由于很难找到活干，心里又割舍不了对这门手艺的情怀，曾经一度只好待在家里。

就在笔者找到潘成叶的前几天，同乐桥首事潘成松也找到了他，请他为同乐桥廊屋的几根柱子雕缠龙。因为同乐桥的建造属于公益事业，潘师傅不计较工钱，雕一根龙柱原本要10天工夫，1000元工钱，他只收300元钱。

给廊屋装缠龙柱，在泰顺还是第一例。3月6日，笔者再次登门拜访潘成叶。他家就在离同乐桥几百米处的山林里，不算大的房子，厅头摆放着三根包裹着缠龙白底画纸的樟木。虽未成形，从已刻画的龙首龙身来看，已经有呼之欲出的生动气势。

潘成叶说，龙的形状有很多，如升龙、腾龙、降龙、缠龙等。木雕师傅们把"三弯九曲"视作雕龙的要旨，除了把握整体要领外，还要在一些细节上倍加把握，如龙眼、龙须、龙头、龙爪，神在眼、气在须、威在头、力在爪，一条活灵活现的龙少不了要把这些技巧运用得出神入化。

由雕刻技艺说到了行业状况，潘成叶说，温州地区的木雕流派原本是很有名的，但现在依然名声响亮的只有乐清黄杨木雕了。传统的小木雕刻以后将会怎样，很难说，但他会一直坚持下去。

十一、扶柱

时间：2005年4月28日。

扶柱是泰顺工匠的叫法，建筑词典上叫竖柱。

在编梁拱架上，工匠们先把几根柱子和横梁、枋木拼装在一起，形成一个柱架。然后把十几个人分成两组，一组用木叉撑着柱架，另外一组则站在另一个方向用绳子拉紧柱架，一撑一拉，柱架便缓缓"站起身来"了，梁木的榫头渐渐迎向当心间柱架的卯位，一排柱架算是顺利安装完毕。

5月的山城雨下不止，6月又陆续下了几场雨，同乐桥的建造也因为天气的原因而时断时续。同乐桥廊屋上的梁架已经全部竖立完毕，三层屋檐的"骨架"以及脊檩等也已上架。6月25日，笔者再次前往建桥现场时，跟昔日的建桥场景比，冷清了不少，只有两位木工师傅在屋檐上钉木椽。

阳春时节，大溪两岸的山林眼下是五彩斑斓，透着无限生机。同乐桥也已经初现雏形了。

十二、悬鱼和脊饰

时间：2005年9月24日。

乡土建筑的屋檐上往往少不了要挂上几块叫"悬鱼"的小木

扶柱

板，上头一般都雕刻"鱼"的形象，也有的刻"壬、癸"两字，有的则干脆在悬鱼上雕一个"水"字。

在同乐桥的三层檐之上，自然也少不了雕刻精细、构思巧妙的悬鱼。但除了好看，悬鱼的实用功能其实是为防悬挑的檩条端头受潮，当然还有民间信仰方面的内容。在廊桥等木构乡土建筑中，这块小小的木牌居然担当着镇火的重任。木构建筑极易遭火灾，而鱼为水中之物，"壬、癸"两字在五行方位中亦代表水，古人认为雕刻与水有关的图案文字，可以起到镇火的作用。这应该算是廊桥构件中

描画龙身

比较有意思的一个文化意象了。

完成了像悬鱼这样体量不大的构件安装后，工匠们开始给同乐桥的屋脊安装双龙戏珠等脊饰。这是一种将泥塑和彩绘相结合的民间艺术，这些手艺人来自县内的雅阳镇。工匠们用手中的画笔给龙身描上彩色。随着一笔笔的勾勒，本来素面朝天的两条龙，因为色彩，陡增了灵动与气势。

十三、中外专家考察

时间：2005年11月26日。

就在同乐桥完成了最后的铺地板、盖瓦片和装风雨板的11月中旬，泰顺县筹划已久的第一届中国廊桥国际学术研讨会定在11月下旬召开，同乐桥列入了专家学者的考察日程表。

11月24日，第一届中国廊桥国际学术研讨会在杭州西子湖畔拉开序幕。此次研讨会由上海交通大学、浙江省建设厅、浙江省文物局三家单位共同主办，泰顺县委、县政府承办，为期四天，分杭州、泰顺两个会场。来自中外100多名文物界、建筑学界的专家、学者及有关领导汇聚一堂，开展中国廊桥学术交流，并赴泰顺实地考察。

26日，同乐桥作为考察行程的第一站，迎来了中外专家学者。小山村再次变得热闹异常。董直机也成为考察现场中外专家学者和新闻媒体最关注的焦点人物，专家围着他，问建桥的技术；媒体围着他，要他讲建桥的故事。

历经一年的同乐桥终于竣工

　　曾参加廊桥国际学术研讨会并到同乐桥考察的台湾华梵大学建筑学系萧百兴教授，曾在他的文章里写道："那天，刚下游览车，便看到董老师傅鹤立在桥头欢迎众人的来访，而许多人也趋前去向他道贺。人群奕奕，祝语不断，这位造桥师傅，顶着一头白发，话虽不多，但内心显然充满了无限的激动，也散发出了令人十分动容的光芒。凭着毅力，坚持专业，摆荡在梦想与现实之间，老人家终于带领了岭北的村民新造了廊桥，冲出了别一番的天地。说真的，那天，在与他紧紧握手之时，历历不能忘怀的竟是那双雄浑、充满了风霜，却又洋溢着几许才华的厚掌，一双向往着人文风采，却又不曾脱离土地的质朴的手，像极了蜈蚣桥站立在泰顺山溪之上，终于渡过艰难考验而昂然独立的亮丽风姿！"

在董直机房前的院子里，央视"科技博览"栏目对他进行采访。当记者问及同乐桥建成后的感受时，董师傅眼睛湿润了，豆大的泪水沿着布满皱纹的脸颊滑落下来。记者的提问深深地触动了董师傅的内心，为了能建一座编梁木拱桥，他一等就是66年，而今终于梦圆同乐桥，80岁的高龄，66年的廊桥梦，这其中的感怀，我们似乎无法真切体会。

十四、圆桥

时间：2005年12月17日。

建桥前有奠基破土仪式，桥建成后也有"踏桥"、"踩桥"和"圆桥"等仪式。在中国的广东省、陕西省和四川省等地流行"踩桥"典礼，而在泰顺的廊桥营造中，则通行"圆桥"仪式，"踏桥"是其中的一个环节。

12月17日，村尾村为庆贺同乐廊桥正式落成，举行了盛大的圆桥仪式。根据泰顺县岭北乡一带习俗，遇上较大的喜庆节日，如春节、中秋、乡村的大型庆典等，都要举行一些当地人们喜闻乐见的娱乐项目以增加喜庆气氛。自20世纪80年代中期以来，泰顺县各地农村劳动力不断外流，在家的年轻人越来越少，那些过去岭北人常见的提线木偶戏、越剧、舞龙灯、舞八仙灯等传统娱乐和习俗也渐渐淡出人们的视线。这次同乐廊桥的圆桥庆典，又一次把传统习俗重新带回了人们的生活。这几日为了亲眼目睹和亲身参与圆桥仪式，那些外出务工的青年人也大部分回了乡，他们和留守家中的老人、小孩一起，把圆桥庆典推向了高潮。

圆桥仪式真正开场的时间是17日凌晨3点。但前一夜，村民们已经开始根据旧俗在廊桥的所在地村尾村舞起了长龙舞，一路锣鼓喧天，灯火辉煌，同乐桥在村民的霓虹灯打扮下于黑夜中显得格外美丽。

为了圆桥庆典，村民要邀请四方客人。因此，17日的仪式过后，还要举行泰顺民间习俗——百家宴，宴请乡亲和来宾。而庆典的前夜，既是喜庆的前奏，又是大部分村民忙碌无眠、灯火通明的一夜。他们要杀鸡宰羊，捣年糕，准备香喷喷的糯米酒，迎接客人的到来。

17日凌晨3点，传统的圆桥仪式正式开始，村民们先后祭天地、祭桥等，目的是为了让各方神明和父老乡亲都能很好地接纳同乐廊桥这位"新人"。祭拜时间很长，由专门的人员一直进行到当天下午。在当天上午，还有极具地方特色的民间节目，如舞龙灯、木偶戏和舞八仙灯等。

上午10点30分，同乐廊桥的设计者和建造者董直机老人领人把廊桥上最后一块空缺的桥板钉上，乡民们先后从桥上走过，名为"踏桥"。如此一来，圆桥就算圆满结束，村民们便可以举行百家宴，宴

新建木拱桥的圆桥仪式——踩桥

请各位来宾了。

在当地乡民看来，举行圆桥仪式，为的是讨个好彩头，希望桥梁永恒长久。对于营造桥梁的工匠们来说，只有经过圆桥仪式之后，廊桥才算是完全和真正竣工。民俗学家周星在他的著作《境界与象征：桥和民俗》中有说到，圆桥仪式与婚俗中的圆房，具有类似的象征意义。在圆桥仪式中，桥梁被视为生灵之物，它的生命可以因仪式而延续永久。

[贰]庆元木拱桥营造技术和习俗

各种史料证明，庆元县木拱廊桥有十分悠久的发展历史。在这个发展过程中，造桥工匠们通过长期的劳动实践，通过不断地积累经验，以及言传身教的传承和改进创新，形成了一整套独特的营造技艺。营造技艺，是木拱廊桥之所以形成、发展的核心技术，也是世界古代桥梁史上十分珍贵的非物质文化遗产。

"逢山开路，遇水搭桥。"桥梁自产生之日起就具备了民众共有性和公用性的特征，所以一般也以社会公众力量来共同兴建与维护。自古以来，架桥铺路是中国乡村社会中重要的公益性活动，往往是一个乡村或者是几个乡村的头等大事，也被认为是积德行善、造福后人的好事。古代乡村社会中，任何公益性的大事都有一定的文化传统，木拱廊桥的营造自然也不例外。庆元木拱廊桥在营造、修建过程中，有一系列约定俗成的宗教仪式和民间习俗，这些仪式和习俗与廊桥密切相关、相互依存，无疑是廊桥历史文化的有机组成部分，可以说它是我们了解、研究木拱廊桥发展历史和古代乡村社会的一个重要窗口，具有珍贵的文化价值和历史价值。

一、营造技艺

传统木拱廊桥的建造，主要由石匠、木匠两种民间艺人来共同完成，一般由石匠负责砌筑桥台，由木匠负责建造桥体。如果设计为石砌或砖砌桥面的，再由石匠砌筑桥面，需要油漆的廊桥，由油漆匠负责油漆。石匠、油漆匠承担的工作处于从属地位，工艺也没有特殊的要求。木匠在建桥过程中始终处于主导地位，特别是木匠主墨师傅等于是廊桥的"设计师"和"施工员"，决定着建设工程的成功与失败。所以说，木匠是主体工程的缔造者，木匠技艺是木拱廊桥建造技术的核心。

在民间，木匠有大木匠、小木匠之分。小木匠以"打家具"为主，大木匠以承揽造房子等建筑工程为业。木拱廊桥由大木匠中技术过硬、经验丰富的"师傅头"承建，能造房屋的师傅不一定能建廊桥，能建木拱廊桥的师傅都会造房屋。

（一）木匠工具

木拱廊桥传统营造技艺涉及的工具比较多，它们可分为一般性的常用工具和木拱廊桥建造过程中的特殊工具两种。常用工具有：

（1）鲁班尺。鲁班尺又叫"六尺"，传统木工尺正好六尺长，主要用于丈量距离、尺寸等，是木匠最神圣的工具，传说为鲁班祖师爷那里传承下来的宝物。上面除了有尺寸刻度以外，还有"门广星"、"七星"等带有宗教色彩的内容，据说木匠师傅可以用它来避讳禁忌、预测凶险吉利等。

（2）斧头。斧头主要有单面斧、双面斧两种。

（3）角尺。主要用于量尺寸、划墨线。木拱廊桥营造过程中的榫头、卯眼等关键连接之处，都是先采用角尺标明墨线，再进行加工的。

工具

（4）墨斗。由墨斗、墨笔、墨线、羊角组成，主要用于弹墨线、划墨线等。

（5）手锯。根据大小可分为大锯、中锯、小锯，另外还有"脑锯"、钢丝锯等，主要用于锯裁木料。

（6）手刨。有长刨、中刨、短刨、圆刨、翘刨等，主要用来加工木构件的平整度和光滑度。

（7）手凿。手凿有阔凿、寸凿、圆凿、八分凿、七分凿等，主要用于凿榫头和卯眼，以及木构件上的装饰雕琢。

（8）木马架。由木马、马桥、马钳组成，相当于是木匠进行木构件加工的工作平台。

除了以上这些常用工具之外，在木拱廊桥的营造过程中，还有一些特殊的工具：

（1）"水杆"。有的地方称为"丈篙"，木匠在营造房子、桥梁时的特殊工具，也是民间习俗中的神圣之物。每座房子或桥梁制作一根"水杆"，一般为正方形，其长度根据所营造建造物中跨距最长的单元而定，比该单元的跨距略长，比栋梁稍短。制作"水杆"前由主墨师傅上山选择适当的杉树，砍伐制作过程有一系列与制作栋梁相似的仪式和禁忌。

用现在通俗的话讲，"水杆"实际上相当于木匠的"施工草图"。造桥之前，主墨师傅要对廊桥进行设计，采用独特的方式在

水杆

"水杆"上进行记录。房子也好，桥梁也好，整个建筑所有的结构尺寸，包括几个木构件，几个榫头、卯眼，工序前后都记录在"水杆"上。然后根据"水杆"上的尺寸、数据进行备料，在具体的木料上划墨、加工、施工。一直到整个建筑竣工，再将"水杆"与栋梁平行，放置在栋梁下方，不再重复使用。

（2）水架柱。因为它形似秋千，也有人称"秋千架"，由四根竖柱和横梁木组成。具体做法是：把长柱立起来，旁边用"揽树"进行固定。"揽树"是尾部绑有麻绳或篾缆的杉木，它具有拉和顶的固

天门车

定功能，"揽树"的底端顶在地上，尾部用麻绳或篾缆紧绑在水架柱上，进行固定。两根水架柱固定好后，用一根横梁在其上部进行捆绑连接，形成"秋千架"状。在建桥过程中，水架柱是"脚手架"，木匠靠它上下来往，施工作业；安装三节苗时是"支撑架"，以它为受力支撑；架桥拱时是"起吊架"，所有上架构件和木料，都是通过水架柱与天门车的配合使用进行起吊和安装。

（3）天门车。用木料制作成绞车状，造桥工匠称为"天门车"。它的功能是与水架柱配合使用，进行木构件的起吊和安装等。

（二）技艺要点

（1）选料。在古代木构建筑中，木拱廊桥属于特殊建筑，特别是桥拱部分，它凌驾在河流的水面之上，要长年经受水气与雾气的侵袭，所以在木料的选择方面要特别讲究。在庆元县，拱架部分的大牛头和小牛头选择韧性好、硬度强的槠木为原料，其他构件，包括廊屋部分，基本上采用杉木加工。根据拱架的跨距，三节苗、五节苗的长度和口径大小都有一定的要求，除此之外，最好选择生长在山南向阳的老杉树为原料，这种杉木不容易腐烂，可以延长桥拱的使用寿命。

（2）拱架。拱架是木拱桥技术含量最高，也是最为神奇、神秘的部分。虽然木拱廊桥的拱架结构基本相同，但是，每座桥的跨度、高度都不一样，那么三节苗、五节苗的长度就不同，斜苗的斜度不同, 榫头、卯眼的角度也不同。一旦计算出现差错, 拱架就无法安装, 导致失败。那么, 面对这些复杂的技术问题, 主墨师傅是如何来设计拱架, 并精确地计算出它们的微妙之处呢?

庆元的造桥主墨师傅, 采取以下的方法和步骤: 一是根据桥拱的距离、桥台的高度和桥面所需的高度, 计算出两个大牛头的准确位置。二是大牛头定位之后, 计算出三节苗斜苗和平苗的长度、角度。三是再根据三节苗的角度来设计榫头、卯眼的具体角度和位置, 这是第一系统。四是第一系统完成之后, 再根据第一系统 (三节苗) 的角度, 来设计第二系统 (五节苗) 的小牛头、苗长、榫头、卯眼、角度, 方法步骤与第一系统大致相同。

通过以上步骤, 拱架的结构基本形成, 这个过程中有一个十分重要的技术要求, 那就是三节苗与五节苗的计算一定要精确, 五节苗的小牛头必须紧贴在三节苗上, 以达到"纵横相贯, 穿顶别压, 相互承托, 受力均匀"的效果。如果计算不精确, 容易产生小牛头悬空, 这样就造成两个系统受力不均, 无法完全达到"编梁"的效果, 直接影响整个拱架的承重能力、稳固程度和使用寿命。

(3) 榫卯。庆元木拱廊桥的拱架部分, 所有的木构件都采用榫卯技术进行连接。榫头、卯眼是整个拱架关键的部位, 直接影响桥梁的质量。榫头的大小要根据拱架的跨度、木料的粗细而设定, 要求划墨准确, 制作加工精良到位。安装时, 榫头要贴切紧密, 不能太

现场备料

榫卯

紧也不能太松，太紧会使桥拱扭曲，太松桥拱容易变形，所有榫头的紧密度一定要一致。

二、营造流程

廊桥是古代的公用交通设施，所以，它的建设过程往往也具有公众行为的特征。一座廊桥的筹建初期，一般由村里有名望的乡绅或族长发起建桥倡议，然后成立一个建桥组织叫"某某桥董事会"或"某某桥理事会"，董事会成员称"董事"、"桥董"、"缘首"或"主事"等，人数从几人到几十人不等。董事会专门从事建桥款项的募集使用、建桥材料的准备、桥位的选择、落实建桥工匠、工期质量监督等建桥事宜。

建桥的款项和物资，由"桥董"或"缘首"分头向社会公众募集，当建桥资金募集得差不多的时候，董事会就要约请"风水先生"与造桥的主墨师傅一起来看风水、选桥址。开工前，桥董还要与主墨师傅订立"桥约"，它相当于现代的"建桥施工合同"。"桥约"一般包含以下几项内容：廊桥的长度、宽度，工艺质量要求，双方的职责，工钱数量和兑付时间、方式等。

完成以上筹备工作后，建桥就进入了具体的实施阶段。

（一）选桥址

建造廊桥的具体位置，一般由桥董、风水先生、主墨师傅共同选择确定。在庆元人的心目中，廊桥是"风水桥"，所以桥址一般选择在乡村溪流的下游，村庄"水尾"的地方。另外，还要看周边的山形地势，最好选在两岸山脉逶迤于溪边所在，按民间的说法，廊桥建好之后能把"龙脉"接在一起。总之，桥址的选择既要考虑交通需求，又要考虑留住村庄的"风水"，使廊桥具备这双重功能。同时，还要尽量选择河床相对狭窄之处，这样可以缩短廊桥的跨度，节省资金投入。

（二）砌桥台

建造桥台，有的由石匠单独承包，有的由木匠一起承包，再由木匠请石匠承建。因为桥台坚固是整座廊桥成功营造和长期牢固的基础，所以，在施工过程中，石匠师傅要征求木匠主墨师傅的意见，并听从其监督指导。桥台要求基础扎实，有的采用溪流中的卵石砌筑，有的采用块石砌筑，有的采用条石砌筑。条石砌筑的最好，但成本较高。

可能是由于桥址地势、道路的缘故，有少数廊桥的桥台呈一头高一头低的状态，但是，绝大多数的桥台呈水平状态。古代没有先进的工具和仪器，石匠和木匠怎么来测量桥台的水平高度呢？他们主要采取两种方法：一是"竹爿水平法"。把毛竹劈成两爿，去掉中间的竹节，用支架把毛竹爿撑住，让它们连接成一条直线，竹爿与竹爿的连接处用泥巴堵好。然后，在竹爿内装水，以竹爿内的水来测试、调整桥台的水平高度。二是"麻绳加水平尺法"。选长4米左右，

龙溪垅桥的桥台利用两岸自然悬崖岩壁加以修凿而成（陈学章 摄）

宽0.1米左右的直方木料一根，刨光后，在木料中间凿一个长形的凹槽，制成旧时的"水平尺"。测量时，在凹槽中加水由一人端平，两人在两岸的桥台上拉紧麻绳，让麻绳平行于"水平尺"，测出桥台的水平高度。

（三）起拱架

起拱架是木拱廊桥营造过程中，技术含量最高、难度最大的重要环节。拱架主要由三节苗、五节苗、大牛头、小牛头、将军柱、剪刀苗等木构件拼装组合而成。庆元人把木桥上的纵向梁木称为

"苗"，也叫"苗梁"。所以，所谓"三节苗"、"五节苗"，实际上就是三节梁、五节梁，剪刀苗、桥板苗也是如此。另外，三节苗不是指三根梁木，而是指三排梁木通过两个节点的连接，由溪流的此岸到达彼岸；五节苗是指五排梁木，通过四个节点的连接到达彼岸。这些连接点，全部采用方形横梁进行榫卯技术连接，方形横梁建桥称之为"牛头"。连接三节苗的两根横梁叫"大牛头"，连接五节苗的四根横梁叫"小牛头"。

1. 上三节苗。制作好相应的木构件之后，造桥师傅就要开始起拱架，起拱架的第一道工序是上"三节苗"。木拱廊桥的桥台可分为

安装三节苗

两层，上桥台及下桥台。上桥台与桥面平行，是桥梁与道路连接的平台，下桥台是安装木拱架顶端、承接整座廊桥重量的平台。上三节苗之前，要在下桥台上做一个条形底座，用木质做的底座称"垫苗木"，用石质做的底座的称"垫苗石"。三节苗斜苗的下端制作一个凹口，木匠叫"鸭嘴甲"，上端作半榫，木匠称为"牛吃水"。将制作好的三节苗的斜苗起吊放置在水架柱上，接着把下端安装在"垫苗木"上，让"鸭嘴甲"咬住"垫苗木"，然后将斜苗的上端半榫扦入木横梁，这根横梁也就是俗称的"大牛头"。靠近桥台两侧的斜苗安装

立将军柱

好之后，再从上往下将三节苗的平苗两端，分别打入两边大牛头的燕尾榫中，从而完成桥体主要受力结构第一系统的搭建。木拱廊桥三节苗的苗木数量，根据廊桥的宽度及木料的粗细而定，有的每节用11根，有的用9根，有的用7根。

2．立将军柱。在三节苗底座的两边各竖立一根柱子，这四根柱子木匠称为将

军柱。将军柱有"透柱"与"半柱"之分，将军柱从底座一直延伸到廊屋梁架的称透柱，将军柱仅延伸到桥台平面的称半柱。整座桥由一个木匠承包的一般做成透柱，这样受力较好；桥拱与廊屋由不同的师傅承建的，一般做成半柱。将军柱下端采用榫卯固定三节苗底座，上端与桥板苗及梁架进行榫头连接，两根将军柱之间加若干柱子，上面加横梁，形成一个承重大排架，为之后安装桥板苗而准备。

3. 上五节苗。上五节苗，就是在安装好三节苗的基础上，以三节苗为受力支撑和施工"脚手架"，进行五节苗的安装。首先，在大排架与三节苗形成的夹角处，安装五节苗的垫苗木，将五节苗下斜苗的下端扦入垫苗木，上端与下小牛头榫卯连接，下小牛头紧贴在三节苗之上。其次，将五节苗上斜苗的下端与下小牛头榫卯连接，苗木从三节苗之间的空隙、大牛头的下面穿过，其上端与上小牛头连接，五节苗的上小牛头紧贴在三节苗的平苗之上。再次，将五节苗的平苗，从上往下打入上小牛头的燕尾榫中，从而完成拱架主要受力结构第二系统的安装。

这样三节苗、五节苗通过大牛头和小牛头的连接，逐节延伸，形成了相互咬合、穿顶别压的"编梁"效果，使拱架达到了整体的稳定，实现了一加一大于二的承载能力。

4. 上剪刀苗。剪刀苗又叫剪刀撑，因形似剪刀而得名。从现有的木拱廊桥上看，一般大跨度的安装两组剪刀苗，小跨度的安装一组

安装五节苗

剪刀苗

剪刀苗。设置一组剪刀苗的拱架，苗木下端采用透榫与左边的将军柱连接，上端用燕尾榫与大牛头右端连接，另一根苗木以同样的方式在右将军柱与大牛头的左端之间连接，形成剪刀的形状，剪刀苗的交叉处用铁箍套住或用铁条扦住。设置两组剪刀苗的廊桥，就是在小牛头与将军柱之间再增加一组剪刀苗，其制作安装与上述基本一样。剪刀苗的作用，是对桥拱进行纵向固定，防止左右摆动，增强桥体的稳定性。

5. 桥板苗与"蚱蜢腿"。桥板苗也叫桥面梁。为使桥板苗均匀平稳受力于拱架，要在桥拱上安装一个小排架，木匠称之为"蚱蜢腿"。具体做法是一根横梁下面左右各一根短木插扦在下小牛头上，然后横梁木左右各一根杉木扦入将军柱。再将桥板苗放在此横梁上，一头连接上小牛头，另一头连接将军柱的横梁，为铺桥面做好准备。

（四）铺桥面

桥面是紧贴桥拱之上，供人们通行的部分。现在，我们看到的桥面有三种：一是板铺桥面；二是砖铺桥面；三是石铺桥面。板铺桥面就是在桥板苗上，铺设较厚的木板。庆元木拱廊桥大部分是砖铺桥面和石铺桥面，其具体程序是：首先在桥面板上铺一层箬叶，再铺一层木炭，然后再填一层沙石料，最后砌桥面砖或桥面石。这样在桥面与桥面板之间有隔离层，可以增加通风透气效果，防止桥面板

后坑桥青砖桥面

受潮腐烂。由于砖铺桥面和石铺桥面增加了桥体的自身重量，能增强廊桥的稳定性，同时起到防火作用，十分科学合理。

（五）造廊屋

庆元廊桥的廊屋，大部分的梁架为九檩四柱结构。廊屋的高度与宽度视整座桥的规模而定，没有统一的规格，但是，庆元建桥师傅流行着"七轿八马"的做法。具体地说，就是桥中间的人行道宽七尺六、高八尺六，这样的比例更加协调大方。屋面有歇山顶、圆山顶等。盖好屋顶，再钉上风雨板，制作神龛，整座廊桥就基本完工了。

需要特别说明的是，由于桥长、桥宽和建桥师傅的不同，建桥资金投入的不同，廊屋也呈现出不同的工艺风貌，可以说是形式多样，千变万化。有的廊桥募集资金有限，廊屋就造得简朴实用，有的廊桥募集资金充裕，就精工细作，雕梁画

架廊屋

栋。有些廊桥在当心间或桥亭的顶部制作各种形式的藻井，结构复杂，装饰豪华。有些廊桥还在桥头建造附属建筑，与廊屋连成一体，使廊桥的外观更加气势雄伟，蔚为壮观。如龙桥的钟楼，咏归桥的补天阁，就是十分典型的例子。

三、造桥民俗仪式

庆元木拱廊桥从筹建开始，到动工兴建，直到建成竣工的整个过程，有一些特别的讲究和仪式，它们是历史长河中形成的民俗文化传统，是木拱廊桥发展历史的一种反映，有着极其丰富的社会文

化内涵。尽管这些习俗大多带有浓厚的宗教色彩和迷信色彩，然而它们是千百年来廊桥历史形成的一种文化现象，是廊桥文化的重要组成部分。

（一）选择吉日

择吉，就是根据一定的方法选择吉利的日子，所以，庆元民间叫"拣日子"。廊桥是"风水桥"，被认为是关乎全村人甚至几村人兴衰的大事，所以，"拣日子"是必不可少的环节。

"择吉先生"一般由缘首或董事约请，并付给一定的费用。一座木拱廊桥的兴建，有这么几项"择吉"内容：祭河"架马"的开工日子时辰，"发锤"起拱的日子时辰，伐梁、制梁的日子时辰，苗梁、

道士择时辰

栋梁的上梁日子时辰等。"择吉先生"选出来的吉日良辰，要用红纸写成"择日吉课"。"择日吉课"要请主墨师傅审阅，看是否符合建桥进度的时间要求，如果有冲突则主墨师傅提出建议，由"择吉先生"酌情修改。一旦确定建桥工期的时间节点，就都要按照"择日吉课"严格执行。

（二）架马动工

建造木拱廊桥，一般选择在秋天的枯水期动工，动工之前，必须举行一个祭河仪式。祭河要置备香烛、茶、酒、果点、全猪、全羊、公鸡等供品，其中，猪和羊要在桥址附近现场宰杀。众人把一头猪、一头羊赶到或抬到河边，将猪和羊杀一刀后放进河里，让其在水中挣扎一直到死亡。按民间风俗的说法，它们喷洒出来的血越多，河水越红，就越吉利。然后，再把猪羊去毛开膛，作为祭河的供品。

祭河仪式一般请道士主持，有时也由主墨师傅主持。一般分四个程序进行，即请神、祭神、读疏文、"架马"动

祭河

工。疏文的内容为：某府、某县、某都、某村因为河流阻拦交通不便，行人过河困难，某村某弟子（桥董、缘首姓名）定于某年某月某日，在某地建造廊桥一座，请求河神与鲁班祖师保佑造桥过程顺利圆满，造桥师傅及帮工吉祥平安。主持者念祷词：

> 此处龙科是我插，二十四山听吾言，
> 吾催山山转运，我催水水回源，
> 左边青龙转弯弯，荫出人丁做高官，
> 右边白虎转弯弯，荫出人丁做状元，

廊桥木匠开工前要举行架马仪式（郑永春 摄）

前面朱雀起圆峰，荫出人丁胜三公，

后边玄武节节高，荫出人丁定封侯，

一要千年生富贵，二要万代得兴隆。

时辰已到，动土开工！

　　此时，鞭炮齐鸣，建桥台的石匠师傅破土动工，木匠师傅开始架"木马"、做"水杆"。廊桥竣工的时候，也要举行类似的祭河答谢仪式。

　　（三）发锤起拱

　　"发锤"仪式是在整个桥拱的木构件基本加工完成，要进行拱架安装前的一个风俗仪式。仪式由主墨师傅主持，先准备好香烛、

发锤仪式

纸、斗、灯、镜子、尺、剪刀以及斋菜、水果等供品，一同摆在案桌上，拜祭的对象是鲁班祖师。程序：点香、请师傅、拜祭师傅、默念祭语：

一不打天，二不打地，

三不打旁边房屋神官庙宇，

鲁班子弟大发锤。

香烛纸，烧阵阵，

上透云头鲁班仙，

白鹤仙翁云头见，

鲁班子弟大发锤。

然后，主墨师傅用榔锤向空中连打三锤，再在即将安装的拱架木构件上敲三锤，边敲边大声叫"风调雨顺、大吉大利"等吉祥语，拱架安装正式开始。

（四）南山伐梁

按照传统风俗的说法，在建造廊桥的过程中，选择梁木是十分重要的大事，不仅关系到建桥过程的顺利与否，还关系到整个村庄未来的凶吉兴衰。所以，选择梁木有比较复杂的程序要求，而且带着宗教的色彩。一是梁木必须到南山（即桥南或村南）的山场去选择。二是栋梁一般选择杉木，要选择两株同根、枝叶茂盛的杉树，不能选择独苗而长的树木。三是树龄要适中，不能太老也不能太嫩，树干从下到上粗细最好要一致。

梁木选好之后，按预先择定的吉日良辰砍伐。砍伐时要备香、烛、酒等祭品，先祭拜山神，然后由主墨师傅"开斧"，并念唱伐木经：

一斧送你全村平安，二斧送你富贵双全，

三斧送你三星高照，四斧送你四季发财。

师傅每唱一句砍一斧头，砍四斧之后再由其他人接着砍。为讨吉利，砍栋梁时，最好不要伤害或少伤害同根树木和周边的树木。梁木伐倒时要朝山的上方倒，砍倒的梁木要用树枝垫底，不能触地。量好尺寸，去其树枝，将截下的树尾挂在梁木中央，表示有头有尾，兴旺发达，然后给梁木披上红布，由两人抬回来。抬梁的一路上，要有人在前面鸣放鞭炮，告知路上行人给梁木让道。梁木不能经过任何房子的屋檐下，抬到桥址附近，要露天两头平放在准备好的木马上，不能触地，任何人都不许从上面跨过或坐在上面。梁木的树皮必须抬回来后再削，树皮的处置还有一定的规矩：要么放在高处晒干后，烧成灰作为廊桥神龛的香炉灰，要么直接放在河水里让其冲走。

（五）露天制梁

梁木的制作必须在露天的地方进行，并且要按预先选好的吉日良辰开始制作。制作前，还有个简单的仪式，由主墨师傅先点燃三炷香，拜天拜地，将香插在制梁现场的高处，并燃放鞭炮。接着，主墨师傅手执墨斗、曲尺，一边量栋梁、弹墨线，一边念道：

　　　　荣华富贵仔细量，墨斗金线弹中间。
　　　　家家户户分风水，先中状元后当官。

念到这里，主墨师傅立即拿起斧头，先在梁木中间劈一斧头，再向左劈一斧头，向右劈一斧头，然后开始制作栋梁，这样表示将风水均匀地分给村里的各家各户。

（六）两次上梁

在建造木拱廊桥的过程中，庆元县流传着一座桥上两次梁的习俗：一是拱架部分上"苗梁"，二是廊屋部分上"栋梁"。

三节苗平苗中间的那根苗木，是木拱廊桥拱架部分的栋梁，建桥师傅叫"苗梁"。安装这根苗木的时候，必须举行一个上"苗梁"仪式。上"栋梁"，是指安装在廊屋当心间房顶大梁时举行的仪式。这两个仪式都由主墨师傅主持，实际内容也基本一致，都是加工好的梁木安装到指定的位置上。相比而言，"栋梁"仪式比"苗梁"仪式更隆重一些。

　　1. 苗梁仪式。三节苗的其他苗木都已经安装完毕,唯独将三节苗平苗中间的"苗梁"位置空在那里,接着伐梁、制梁。一切准备停当后,按预先选定的日子时辰举行上"苗梁"仪式。仪式由主墨木匠主持,先点烛、焚香、拜祭、烧纸钱,然后手执酒壶、酒杯,将三杯酒分别洒在梁头、梁中、梁尾的地上,边洒酒边念祭梁词:

　　　　此壶不是非凡壶,王母仙娘赐我八宝瓶,

　　　　上有黄云来盖顶,下有莲花顶托瓶;

上苗梁仪式

此酒不是非凡酒，杜康仙师造出清香酒，

别人酿出作别用，弟子酿来祭栋梁。

一杯请酒敬梁头，梁下子孙多封侯；

二杯请酒敬梁尾，梁下儿孙多吉蔼；

三杯请酒敬梁中，梁下儿孙胜陶公。

一祭梁头千年发，二祭梁尾发万年，

三祭梁中子子孙孙满堂红。

将祭祀的全鸡，移摆到"苗梁"的正中前时，主墨师傅念唱：

此鸡不是非凡鸡，王母娘娘赐我报晓鸡：

手把金鸡如凤凰，养得头高尾又长；

头高人丁代代发，尾长人丁发万年。

金鸡放梁中，家家户户子孙红；

金鸡放落地，子孙万代大吉大利。

"祭梁"之后，村庄里的人还要进行"拜梁"。时辰到点的时候，在鞭炮齐鸣声中，由主墨师傅指挥，众人把"苗梁"抬到桥边，固定在天门车的篾缆上。天门车转动，"苗梁"慢慢升上拱架。这个过程中，主墨师傅要大声喝梁：

祭梁

此梁不是非凡梁，南山请来一枕香，

别人请你作别用，仙师请你做栋梁。

梁头雕起金狮子，梁尾雕起玉凤凰，

狮子吼声找百福，凤凰啼时进田庄。

梁下儿孙千百万，荣华富贵福寿全。

在拱架上将"苗梁"打入大牛头的燕尾榫时，主墨师傅继续喝梁：

一伏依，二伏依，三伏依。

吉日良辰天地开，乾坤吉利运道来。

请天皇銮驾到，请玉皇銮驾到，

请太阳星君到，太阴星君到，

请贵人星君到，大吉星君到，鲁班师傅到，

吉时已到，鸣炮上梁！

在主墨师傅的喝梁声和鞭炮声中，建桥木匠们把"苗梁"安装在大牛头的燕尾榫中，上"苗梁"仪式结束。

竹坪村蜈蚣桥的上栋梁仪式

2．栋梁仪式。上"栋梁"是整个廊桥营造过程中最重要、最隆重的民俗仪式，村里的男女老少，临近乡村的民众都会到场参加，一是表现庆贺，二是可以接到"风水"，得到保佑。所以，往往人山人海，十分热闹。

廊屋的柱子、梁架安装基本成形的时候，要提前砍伐、制作好栋梁，并按照"风水先生"先前选定的日子时辰，举行上栋梁仪式。上栋梁之前，要进行类似于上"苗梁"的"祭梁"和"喝梁"。然后，由主墨师傅和副墨师傅一起，亲自将栋梁平行抬上梁架顶端。抬梁时，其他木匠和众人使用"丫"字形木杈等工具进行协助。

栋梁到了屋顶，主、副墨师傅再小心地把它安装在预先做好的凹槽内。然后，要给栋梁披挂一块大红布，红布上一般写"紫微銮驾"四个大字。接着由主墨师傅站在栋梁边上"喝梁"：

> 一伏依，二伏依，三伏依。
>
> 请紫微銮驾到，鲁班师傅到。
>
> 禄到山头兴富贵，马到山头旺儿孙。
>
> 年通月吉日时良，上梁喜气满乾坤。
>
> 栋梁稳坐阙中央，护得代代都吉祥。
>
> 栋梁坐在云头上，四季接福子孙富贵万年长。

"喝梁"之后，主墨师傅要将"水杆"横放在栋梁下方的梁架上，快速下来，回到桥面。至此，廊桥上栋梁仪式全部完成。上梁之日，桥会要置办一餐丰盛的"上梁"酒，一是庆贺廊桥即将大功告成，二是感谢建桥师傅以及捐资出力的民众。

（七）"踏桥"仪式

　　按照传统习俗，"上梁"仪式之后，接着要举行一个"踏桥"仪式。此时，桥面部分基本完工，已经可以供行人通行。按照民俗习惯，要邀请一些身份特殊的人，最先正式从桥上通过，这个过程叫"踏桥"。"踏桥"之前，过往行人要从边上的临时便桥通过，"踏桥"之后，才可以直接在廊桥上行走。

　　受邀"踏桥"者的条件要求，各个乡村不尽相同，主要为三种对象：一是请村里三代同堂，夫妻双全，家境和声誉较好的长辈，这是"有福气"的人。二是请村中氏族的族长，或者有威望的长辈。三是请建桥过程中，捐资捐款最多的人。"踏桥"是一种荣耀，受邀者一般都会欣然应邀。在"踏桥"时，"踏桥人"要先

踏桥仪式

点香拜桥，然后举香开走，众人紧跟其后在桥上走三个来回。"踏桥人"在走的时候，一般要念一些"人丁兴旺，岁岁平安"等吉祥语，众人亦然。

（八）"圆桥"谢众

第一次"踏桥"，是桥面基本完工，为了方便过往行人早日通行而举行的仪式，整座廊桥全面竣工时，还有一个重要的仪式叫"圆桥"。

如果廊桥上没有供奉神佛，廊桥竣工时举行"圆桥"比较简单：一是"祭河"答谢河神，仪式内容与动工时的"祭河"基本一致；二是再次"踏桥"，内容与上次"踏桥"基本一致；最后大摆筵席，请参与建桥的所有师傅、帮工及民众喝"圆桥酒"，表示建桥工程圆满结束。

如果廊桥上要供奉神佛，那仪式就要复杂、隆重许多。首先，要在桥上做好神龛，请人塑好神像或佛像，再请道士或高僧做三天的道场、法事，然后在"圆桥"那天举行"开光"仪式，喝"圆桥酒"。所以，每逢一座廊桥落成举行"圆桥"时，附近十里八村的善男信女、乡民百姓都汇集于桥上桥下，常常要热闹好几天。

代表性传承人

与汴河虹桥一样，编梁木拱桥的建造也少不了首事和绳墨这两个主要角色。有「廊桥之乡」称誉的泰顺和庆元，活跃着一批建造廊桥的工匠。他们师徒相承，薪火相传，使编梁木拱桥技术不断发展、成熟。

代表性传承人

　　泰顺以及南方其他地区的编梁木拱桥源出何处，要讲清这个问题目前恐怕还有困难，但寻找建桥工匠一直是解决这个问题的主要行动方式。找到浙南闽北建桥工匠手艺传承脉络，或许就可以弄清北宋虹桥与南方编梁木拱桥之间的关系。

　　能否在廊桥的记载中找到一些有关古代造桥工匠的资料？薛宅桥的几次重建中，出现了许多工匠的名字，如吴光谦、徐元良、薛思年等，这些工匠都是清朝人。吴光谦是不是泰顺本土人一时无法考证。据调查，徐元良为寿宁县小东人。那薛思年是不是当地薛家人？在薛宅村一位村民的老屋里，笔者看到了《薛氏家谱》。翻开泛黄的纸页，果然找到了薛思年的名字。但记载非常简单，这位木匠或许终身未娶，并无子嗣，大约在中年时搬到了一个叫赤岩前的小山村。之后的情况，比如手艺传承等就此断了线索。

　　在接下来的寻访中，有了一个重大发现。

　　泰顺县岭北乡有一座廊桥叫泰福桥，这座建造于民国年间的廊桥大梁上，异常清晰地写着"绳墨董直机"几个大字。民国距今也就八九十年，如果当时建造泰福桥的绳墨董直机是20多岁，那么我们

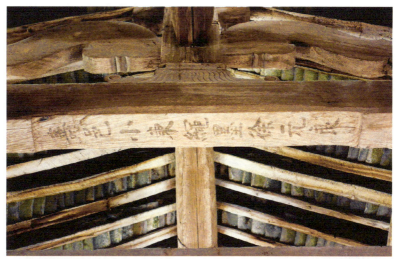

薛宅桥梁架上书写的"绳墨徐元良"等字

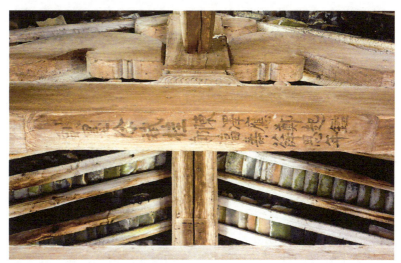

薛宅桥梁架上书写的"副绳墨……薛思年"等字

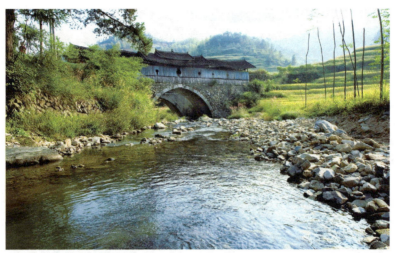

发现"绳墨董直机"的泰福桥

还有没有可能找到他？但这座出自他双手的石拱木平廊桥与编梁木拱桥技术却是风马牛不相及，这寻找的本身有没有意义？一系列问题萦绕心里，但笔者还是立马决定在泰福桥附近的村庄开始寻访。

经过多方打听，在岭北乡村尾村找到了这位满头白发的董直机老人，当时他79岁，泰福桥恰恰就是他在20多岁时建造的。虽然建造这座廊桥与造一座木构房子差不多（泰福桥底部用石拱跨溪，石拱之上造屋子），但他身怀建造编梁木拱桥的绝技却几十年来无人知晓。

[壹]董直机

浙江卫视"帮助"栏目专门就泰顺廊桥的保护现状与技术传

同乐桥模型

承，邀请老人做了一档有关廊桥话题的节目，因为他是目前泰顺县唯一懂得运用传统技艺建造廊桥的人。在现场参与节目录制的观众无不被老人那句"在人生的晚年一定要在村里建一座廊桥留给后人"的誓言所感动。

董直机师傅在接受各路新闻媒体采访之余，在家制作他的编梁木拱桥模型和图纸。在完成桥梁设计图后，按1∶20的比例做了一座编梁木廊桥模型，他说这便是计划建造的廊桥。董师傅说这座桥的木拱将采用"三节苗和五节苗结合的构造方式"，他相信这样的木拱结构能让桥身更稳。模型四边的四根木柱是"将军柱"，它们连着桥面的柱子，有将军柱靠着，整座桥就不会斜了。随后他又指着一处说："这叫剪刀撑。"看上去剪刀撑如一个巨大的乘号，它位于两边桥拱的内侧，目的是为了加固桥拱。说着说着，董师傅一下坐到了模型上，围观的人们不免发出一声惊呼，生怕模型被压坏了。董师傅却怡然自得，说"承受一个人的重量没问题"，这让人们亲眼目睹了编梁木拱桥的承受力。

在这位当时找到的泰顺县当地唯一能够运用传统工艺建造编梁木拱桥的工匠背后，有着怎样一段鲜为人知的故事呢？在董直机家里，他向笔者讲述了年轻时学艺的往事。

1936年，董直机13岁，那时的他便与廊桥结下了不解之缘。那年，董直机到毗邻的福建省寿宁县杨梅洲村亲戚家中做客，当地正在建造一座编梁木拱桥。董直机对这种桥梁的构造非常好奇，于是在工地上当义务工，一边给建桥工匠当帮手，一边留心木拱桥的构造工序。十几天下来，他已把造桥工序都熟记在心。也就是在那时候，他心里开始萌生要建造一座廊桥的愿望。

为了实现愿望，董直机17岁那年义无反顾地拜师学做木匠。出师后过了好几年，却一直没有建造廊桥的机会，他的愿望也一直埋藏在心里。有一天，他把自己心中多年的想法告诉大家时，人们谁也不相信这个年轻的小木匠能建造廊桥，同行的老前辈对他的想法更是嗤之以鼻："小后生也有这个能耐？"董直机没有和人家争辩，他相信总有一天会用自己的双手证明一切。1948年，董直机25岁，建造廊桥的机会终于来了。邻村要建一座廊桥，首事找了许多工匠，最终还是未觅得能胜任的木工师傅，于是有人推荐了董直机。

董直机虽然担任了建造廊桥的绳墨，但由于当时经费有限，他还是留下了诸多遗憾：一是廊屋的高度不够，二是桥屋的开间不大，这都在一定程度上影响了他预想中的建桥效果。最令他不能释怀的是，廊桥底部的构架并非编梁木拱桥结构。

直到2004年9月，董直机80岁时，机会才再次到来。经过多年的筹备和计划，在岭北乡村尾村村委会和众乡亲的支持下，由他担任绳墨的一座运用传统工艺新修建的编梁木拱桥——同乐廊桥正式动工兴建。同年12月12日，同乐桥顺利完成了桥架安装。12月24日，

即将完工的同乐桥

同乐桥上梁仪式

举行了隆重的上梁仪式，村民们按照习俗杀猪宰鸡进行祭梁。

　　泰顺县现今掌握编梁木拱桥营造技艺的师傅原来只有两位，即董直机和曾家快。董直机在同乐桥建造过程中，曾收徒3人传授技艺。也就是说，目前掌握建桥技艺的人已增至5人。但廊桥在很大程度上毕竟已失去了交通功能，成为一种文物建筑。那么，董直机的3名徒弟是否又将重复师傅的经历，空怀建桥技术几十年而得不到造桥机会呢？或许，也有可能像曾家快一样，接到一些旅游区的邀请而建造廊桥。但不管怎么说,他们毕竟掌握和传承了曾经濒临失传的技艺,使这门宝贵的民间手工技艺重获新生。

2009年文化部公布了第三批国家级非物质文化遗产项目代表性传承人名单,作为国家级"非遗"项目编梁木拱桥营造技艺代表性传承人的董直机名列其中。

国家级传承人董直机先生

[贰]曾家快

出身于木匠世家的曾家快,18岁开始继承父业学习木匠手艺,但其学习造桥手艺可谓无师自通、独辟蹊径,没有传统的师承轨迹可寻。从小生活在"世界最美丽廊桥"——泰顺县北涧桥边上的他,大约是在2003年,30岁的曾家快看到很多游客和专家前来参观廊桥,于是他开始琢磨廊桥建造的技法,同时对泰顺廊桥进行了上百次实地考察。

2003年12月6日,由曾家快主墨的一座新的编梁木拱桥在南溪村正式开始架设。这座只花费9000元的廊桥,跨径5.9米,宽3.2米,桥长10米。在泰顺县现有的廊桥中,这座无名廊桥可谓是一座"袖

曾家快建造的南溪桥

珍型"的小廊桥。"再小下去就是模型了！"曾家快说。

　　2005年，衢州一个叫黄土岭的乡村为了发展旅游经济，想建造一座木拱廊桥作为景观，他们找到了曾家快。两个月后，曾家快顺利完成了1500多个木拱廊桥构件。而后，用车子运到衢州组装，1500多个木拱廊桥构件，大到桥苗，小到椽子，丝毫不差。40多天后，一座崭新的木拱廊桥呈现在世人眼前。该桥跨径有12.5米，宽3.6米，长16米，总造价10多万元。

　　2006年，曾家快参加了由中央电视台举办的《状元360之超级

"斧头王"曾家快在建造廊桥

"斧头王"》比赛，一路过关斩将战胜所有对手，成了名副其实的
"斧头王"。

2009年1月，泰顺县乌岩岭国家级自然保护区向曾家快发出邀
请——建造一座木拱桥，但提出一个难题，不能破坏原始森林地质
面貌。木拱桥本来就靠桥墩托着，但没有桥墩，木拱廊桥又如何能
站立？经过三次实地考察后，曾家快主动提出建议，不用挖掘山体，
不用打好建桥基础，直接把木拱桥的桥苗插在河两岸岩石体里。在
承建乌岩岭木拱桥的同时，曾家快还同步承建着泰顺县雅阳镇埠下

曾家快建造的乌岩岭桥

曾家快建造的雅阳镇埠下桥

村一座跨度23米、桥上有三层屋檐和15间桥屋的木拱桥。这两座廊桥均在2009年年底顺利竣工。

凭着聪明才智，曾家快自学成才，掌握了编梁木拱桥营造技艺，成为了此项技艺的传承人，走上了廊桥建筑师之路。同时，曾家快也成为近半个世纪以来泰顺第一位外出建造廊桥的人。

[叁]吴复勇

如今，在庆元县一提起廊桥，人们就会说到如龙桥、兰溪桥，一提起修桥、建桥，就会想到著名的廊桥艺人吴复勇。吴复勇，今年56岁，庆元县松源镇大济村人。"廊桥下面玩泥巴，廊桥上面过家家"，吴复勇从小就在这种廊桥文化的滋养和熏陶中成长。

16岁那年，吴复勇在家人的劝说下，跟父亲吴太荣学起了木匠手艺。吴太荣是当地著名的大木匠，他早年跟祖上学艺，庆元县城乡不知有多少传统土木结构的房子留下了他的技艺，而且，还设计建造过许多草桥、木板桥和廊桥。作为建桥艺人，福建省松溪县的留洋桥（木平梁廊桥）、庆元县四山乡的上坑桥（木平梁廊桥）等桥梁上都留有他的姓名。

也许是缘分注定，吴复勇拜师学艺的第一天，就跟父亲到庆元县城郊的祝家垟村建一座木板桥。在造桥过程中，吴复勇不仅知道了一座木板桥由桥柱、桥撑、桥盘、桥苗、桥板等木构件组成，而且，从民众对父亲崇敬的眼光中，也懂得了一座桥梁对老百姓是多么的重要，这坚定了他想学好手艺做一个造桥艺人的决心。在之后的十多年时间里，除了建房子，他和父亲还一起造过多座草桥、木板桥，建造了两座木平梁廊桥，成为了一个手艺高超的大木师傅。

1983年，庆元县城的咏归桥大修，有关部门请吴太荣负责木工部分的工程施工，这是吴复勇从艺以来第一次接触编梁木拱桥。由于年久失修，当时咏归桥已经破旧不堪，根据修复要求，他们对廊屋的几根柱子进行更换，对屋面和补天阁进行全面翻修。在施工过程中，吴复勇常常会到桥下去看桥拱，为错综复杂、奇妙无比的拱架结构而感叹，并萌发了这样一个念头：我也要建造一座这样的廊桥。

2004年的一天，当时还在县博物馆上班的吴其林告诉吴复勇："县里可能要重建濛洲桥，现在，庆元县能造木拱桥的老艺人都已过世，如果真的重建濛洲桥，造桥工匠、技术方面都存在困难。"吴复勇想：是啊，如果有人请自己造木拱桥，自己能造起来吗？到哪里去学习营造技术呢？吴复勇通过反复思考，决定以自己的木工技术为基础，采取做桥模的方式，来全面探索、掌握编梁木拱桥营造技术。2004年底，吴复勇的第一座木拱桥桥模制作成功，立即在社会上引起了轰动，新闻媒体进行了详细报道，前来参观者络绎不绝。

在后来的几年中，吴复勇按一定的尺寸比例，先后制作了庆元境内的10座木拱桥桥模。制作桥模成功，吴复勇成为了当地著名的"廊桥师傅"，他的生活与工作都与廊桥有了割舍不断的联系。2005年，"国宝"如龙桥出现严重倾斜，如果不及时抢修，随时都有倒塌的危险，文物部门十万火急赶来请吴复勇。吴复勇到现场实地察看，当场拿出了紧急抢修加固方案，得到文物部门的认可后，立即组织实施，使如龙桥至今得到了原状保护。如龙桥加固工程结束不久，一天，吴复勇到兰溪桥考察。他刚走上桥就觉得桥有点晃动，接着发现桥面的砌石已经凹凸不平，再到桥底下仔细看，发现三节苗与五节苗之间的燕尾榫已经脱榫，整个拱架已经严重扭曲，这是一

吴复勇在建桥工地（吴复勇提供）

座危桥。当天，吴复勇将兰溪桥的险情向文化部门报告。第二天文化部门与建设部门一起到现场检测，证实了吴复勇的看法，立即进行了"封桥"，禁止通行。20天后，兰溪桥桥台坍塌，吴复勇的及时报告避免了一场事故的发生。

与廊桥打了多年交道之后，营造木拱桥的机遇终于在2006年12月来临。这年，庆元县濛洲桥重建工程动工，承建单位请吴复勇负责木工部分的施工，他20多年前的愿望终于有了付诸实践的机会。

成功建造濛洲桥，使吴复勇名声大振，请造廊桥者慕名而来。2008年设计建造了慈照桥，2009年设计建造了文昌桥……这些廊桥的兴建，不仅使廊桥家族增加了新的成员，更重要的是，在桥梁的营造过程中，传统技艺得到了保护和传承。2010年受丽水市援建汶川地震灾区指挥部邀请，吴复勇到四川省青川县石坝乡建造了丽石廊桥。现在，丽石廊桥矗立在川西大地上，它既是丽水人民对汶川人民深情厚谊的象征，又很好地传播了庆元的廊桥文化。

经过多年的研究与实践，如今，吴复勇已经全面系统地掌握了编梁木拱桥传统营造技艺，成为了名副其实的"廊桥师傅"。2009年，他被公布为丽水市"编梁木拱廊桥营造技艺"代表性传承人。与此同时，他还组建了一个拥有10多名工匠的廊桥建设工队，打算采取"传、帮、带"的形式，将传统技艺毫无保留地传授给他们，让廊桥传统文化更好地得到保护和传承。

[肆]胡淼

现在回想起来，胡淼怎么也不敢相信，27年前的那次无奈的人生选择，居然使自己成为了编梁木拱桥营造技艺的代表性传承人。

胡淼，1967年9月出身于在庆元县左溪镇竹坪村一个农民家庭。自古以来，竹坪是著名的石匠之乡。据考证，浙南闽北一带许多石拱桥以及木拱桥的桥垛都出自竹坪石匠之手。说起来，胡淼祖孙三代都与廊桥有着特殊的缘分，他的爷爷胡敦庆是当地有名的风水先生，一辈子都在庆元、景宁、寿宁、泰顺等地行走江湖，专门为人家建房建桥看风水、选地址。由于这个行业与做大木的木匠经常接触，后来他就让儿子，也就是胡淼的父亲胡永德拜一位福建的名师学起木匠手艺。胡永德也没有辜负父亲

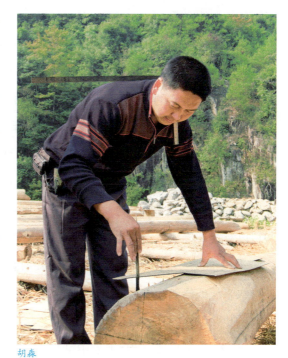

胡淼

的期望，他深得师傅的真传，成为了远近闻名的大师傅，他从事木匠生涯40多年，修建的房子、木桥遍布庆元、景宁、寿宁等地。

1984年，胡淼初中毕业后因家庭困难而辍学，青春年少的他想到山外去打工，闯出一番事业来。没想到，立即遭到父亲的严厉训斥，并要求胡淼打消一切幻想，老老实实跟自己去学木匠手艺。在父亲威严的目光下，胡淼只好挑起木匠工具的担子，做起了父亲的徒弟。这次无奈的职业选择，决定了他后来与编梁木拱桥营造技艺千丝万缕的必然联系。

胡淼刚刚开始学艺不久，父亲就参加兰溪桥迁建工队，他与父亲一起经历了兰溪桥原址的拆桥，到今址重建的整个过程。那时，父亲胡永德是工队的老木匠，而他是工队的小徒弟，只是干一些下手活。胡淼虽然不知道他们正在做一件廊桥保护史上十分有意义的大事，更不知道去观察、琢磨迁建过程中的种种技术奥妙，然而，当迁建工程竣工，兰溪桥以它固有的宏伟雄姿，原汁原味地出现在西洋殿前的时候，他震惊了：原来做一名木工师傅，也可以创造奇迹，也可以有别人无法享受的成就感。从那以后，胡淼就爱上了木匠这个越来越不被人重视的行当，开始跟随父亲潜心学习手艺。他期待着再次兴建或修建廊桥，可是，在之后的十几年时间里，都没有遇到这样的机会。

2002年，在龙泉山景区开发中，已经是木工大师傅的胡淼承接了景区大门的木工工程，景区方面的设计方案是一个外形类似木拱廊桥拱架的木拱门。看了图纸，胡淼的廊桥情结立即被勾起，他主动向对方建议修改设计方案，将拱门建成一个廊桥的拱架，可是，对方不愿修改方案。那次建议没被采纳，他兴建木拱桥的愿望却变得越来越强烈。

2005年，重建濛洲桥列入庆元县政府的议事日程，这让胡淼异常激动。那么，如何来证实自己能建编梁木拱桥呢？他首先想到的就是做廊桥模型。为了做好桥模，胡淼放下了所有的事情，带着卷尺等工具，先后到咏归桥、兰溪桥、蜈蚣桥进行实地勘察研究，想方设法钻进桥拱内部，反复钻研分析桥拱结构、受力原理、技艺细节。经过两个多月的努力，他终于完成了濛洲桥的桥模制作，并将桥模抬到县城的大街上进行了展览。模型外观优美、结构合理、制作精良，引起了轰动。后来，濛洲桥项目实施，省里专家就是以他的模型为基础进行工程设计的。

虽然，桥模制作得到了专家和社会的一致肯定，可是胡淼的内心深处总是遗憾难消，什么时候能真刀真枪地建一座实体廊桥呢？

2006年，庆元遭遇"桑美"超强台风的袭击，出现了道路冲毁、民房倒塌等严重灾情，胡淼老家竹坪村的木拱桥——蜈蚣桥，也在这场百年不遇的灾害中被洪水冲走了。洪灾过后，村里的热心人成立了一个17人组成的蜈蚣桥重建小组，分头到各地去"写缘"，并请胡淼担任主墨师傅。亲手兴建编梁木拱桥的机遇就这样到来了，胡淼十分激动，他带头捐资1000元购买了木料，使重建蜈蚣桥工程如期开工。

在胡淼看来，重建蜈蚣桥既是古代桥梁的恢复，更是自己全面提升建桥技艺的一次重要实践。所以，在重建蜈蚣桥的过程中，胡淼给自己提出了很高的要求。桥梁的外观结构与老桥完全一致，在施工中全部采用传统工艺，在整个营造流程中全面继承传统文化仪式。为了实现这些目标，胡淼走访了10多位民间老艺人、老工匠，向他们拜师学艺，还查阅了大量的历史资料和工艺资料。经过一年的精心施工，蜈蚣桥终于复制如初地横跨在竹坪溪上。2007年10月，蜈蚣桥顺利落成，胡淼在重建过程中继承传统技艺、文化的做法，得到了县、市有关领导与专家的普遍赞誉。通过这次实践，胡淼全面地掌握了编梁木拱桥的营造技艺，极大地提高了技艺水平。

蜈蚣桥的成功重建，为胡淼赢得了声誉。2008年，袅桥下架大修，承建单位邀请胡淼承担施工任务。由于年久失修，袅桥的木构件腐烂严重，要更换所有的大小牛头，三节苗更换9支，五节苗更换19支，施工难度非常大。胡淼和工友们一起克服了一个又一个技术难题，修缮工程进展顺利，如期完工，得到了专家的肯定。

从学木匠到制作廊桥模型，再到建廊桥、修廊桥，胡淼已经度过了20多个春秋，在营造、修建廊桥的实践中积累了丰富的经验。

2009年，他被公布为丽水市"编梁木拱廊桥营造技艺"代表性传承人。现在，胡淼已经组建了自己的廊桥修建工队，常年活跃在民间修缮廊桥、建设廊桥的工地上，他说："要通过自己的努力，为廊桥的保护，为廊桥营造技艺的传承，作出自己应尽的贡献。"

现状与保护

改革开放以来，随着文物保护知识、法规的传播普及，社会保护意识与热情空前高涨，特别是政府及职能部门力量的强劲加入，通过不懈的努力，保护工作逐步走上了科学化、规范化、体系化的轨道，使廊桥文化得到了更为完善的保护。

现状与保护

[壹]泰顺木拱桥保护现状与保护计划

一、保护传承工作回顾

从2003年在泰顺发现木拱桥传统营造技艺传承人董直机，到该项目列入"世遗"急需保护名录，在短短的7年时间里，泰顺木拱桥传统营造技艺历经了令人欣喜的转折和发展。

10多年前，经泰顺文化、旅游等有关部门保护和宣传工作的开展，当地众多年代久远的廊桥，不断提升保护等级，并逐渐成为独具特色的人文旅游资源。但在以往的民族民间艺术资源调查中，泰顺县文化部门从未发现近年新建造的廊桥。2003年，笔者在岭北乡调查泰福廊桥时，在栋梁上发现"绳墨董直机"几个大字的记载，根据这个线索，在岭北乡村尾村找到了当年79岁的董直机老人。这一重大发现在当时引起了国内众多科研机构和新闻媒体的广泛关注，也为泰顺编梁木拱桥传统营造技艺的保护传承和开发利用奠定了基础。

在发现掌握传统木拱桥传统营造技艺的工匠之后，泰顺县文化部门多次组织有关人员，讨论和制定抢救性保护方案。考虑到董

泰顺县开展木拱桥建造实践活动场景

直机师傅年龄偏大、建桥手艺后继无人等情况，县文化部门决定通过建造新廊桥的方式，鼓励董师傅收徒授艺，把这门宝贵的濒临失传的手艺传承下去。2004年9月，在泰顺县文化广电新闻出版局和岭北乡党委、政府等有关部门的共同协助下，由岭北乡村尾村的村委会主任潘长松和赖保柱等人担任首事的村尾村同乐桥动工兴建，并于2005年12月正式落成。

通过建桥，董直机收了5名徒弟，把建桥手艺传给了他们。此外，泰顺县的年轻木匠曾家快凭着自己的聪明才智，也掌握了木拱桥的营造技艺。泰顺掌握编梁木拱桥营造技艺的工匠由原来的1人增至7人。至此，这个本已处于濒危边缘的"非遗"项目，通过建桥、艺人收徒授艺，保护和传承状况出现了根本性的转折。

几年来，泰顺不少地方新建廊桥，给艺人提供了施展才能的机会。除了岭北乡同乐桥，泗溪镇南溪村、乌岩岭国家级自然保护区、雅阳镇埠下村都先后建造了编梁木拱桥。此外，泰顺县文化部门还加强与县外相关旅游景区的联系，先后介绍董直机、曾家快等人到温州、衢州等地的旅游景区承接建桥工程。由此，我们欣喜地看到，泰顺县木拱桥传统营造技艺已得到有效的活态传承。

在做好木拱桥传统营造技艺保护和传承工作的基础上，积极申报"非遗"名录，成为泰顺县文化部门的又一项重要工作。通过几年来的努力，泰顺木拱桥传统营造技艺相继列入了县级、市级、省级和国家级"非遗"名录，并于2009年顺利列入"世遗"急需保护名录，该项目传承人董直机列入国家级"非遗"传承人。泰顺木拱桥传统营造技艺从最初公布为县级名录项目，到列入"世遗"急需保护名录，短短4年，可谓一飞冲天、一鸣惊人。能如此快速地提升保护等级，在我省"非遗"项目申报中极为罕见。

根据上级部门在加强传承人保护方面的工作部署，泰顺县文化部门对木拱桥传统营造技艺等项目的代表性传承人实施政府补贴制度，并结合省文化厅在全省开展的"八个一"为内容的"服务传承

联合国教科文组织"人类急需保护的非物质文化遗产名录项目"中国木拱桥传统营造技艺证书

人月"活动,组织开展走访慰问传承人、发放政府津贴、召开传承人座谈会、为传承人进行健康体检等活动。

2005年11月,泰顺县发起并承办第一届中国廊桥国际学术研讨会,来自中外各地50多名专家和学者赴泰顺对董直机建造的同乐桥等廊桥实地考察。研讨会上,众多专家学者对木拱桥传统营造技艺的研究和保护进行了深入交流,提出了很好的对策和措施,为进一步明确保护传承工作指明了方向。

目前,泰顺正在打造位于泗溪镇的"泰顺廊桥文化园",总投资5000多万元。该项目将以泗溪镇姐妹桥和周边景区建设为重点,建

泰顺县"非遗"中心工作人员走访慰问国家级木拱桥营造技艺传承人董直机

设具有区域特色的"廊桥文化园",展示泰顺廊桥文化魅力和建筑风采。截至目前,泰顺廊桥文化园建设已完成了多项工程,即将竣工,届时将运用多种方式全面地、立体地展示泰顺木拱桥传统营造技艺的科学构造和文化内涵。

二、保护传承工作计划

在回顾和总结前期工作的基础上,以"泰顺木拱桥传统营造技艺"列入联合国教科文组织《急需保护的非物质文化遗产名录》为契机,根据联合国教科文组织关于"世遗"保护的公约要求,努力通过有关工作计划的实施,进一步做好木拱桥营造技艺的保护和传承工作。

完善古建筑保护工作委员会职责，充实文化遗产保护工作力量，加强对木拱桥传统营造技艺等文化遗产的保护工作。建立泰顺木拱桥传统营造技艺保护工作考核机制，将相关工作纳入对乡镇政府和有关部门年度工作目标责任制考核重要内容，进一步落实责任制，加强监督，确保廊桥保护工作的顺利实施。

泰顺廊桥的保护和开发利用投入的经费比较大，而且相对比较稳定，但木拱桥传统营造技艺的保护和传承虽然每年都有经费投入，但数目相对较少。接下来，将积极争取设立木拱桥传统营造技艺保护工作专项经费，不断加大投入力度，确保各项保护和传承工作的有效开展。

在前期工作的基础上，继续充实木拱桥营造技艺影像资料，特别是建造过程的录像资料，并建立专门的数据库，为档案资料的电子化保存和动态展示奠定基础。继续鼓励和扶持木拱桥传统营造技艺传承人收徒授艺，并通过建桥的方式开展传习活动，使该项目传承人呈梯队持续扩展。建立科学有效的木拱桥传统营造技艺传承机制，使泰顺廊桥在传承中得到进一步发展和弘扬。

编梁木拱桥构造独特，极富巧思，包含有很高的科学技术价值。接下来，将组织人员研发适合学校开展课堂教学的模型，使中小学生能自己动手拆装廊桥模型，增强趣味性，寓教于乐，寓教于效。并组织开展木拱桥传统营造技艺进校园活动，通过传承人现场

泰顺县"非遗"中心整理的有关木拱桥营造技艺及传承人档案资料

讲解和模型演示结合的方式，展示编梁木拱桥的科学价值和文化内涵。

积极参与省内外各类大型博览会、展览会等活动，集中展示以泰顺廊桥模型和技艺为重点的泰顺廊桥文化品牌。设计制作反映泰顺廊桥文化特点的画册、书籍、光碟等宣传品，扩大泰顺廊桥的宣传面。加强与新闻媒体的联系合作，通过各种宣传形式开展宣传，不断扩大泰顺廊桥文化的影响力。

合理利用廊桥和木拱桥营造技艺文化资源，尤其要发挥木拱桥营造技艺技术优势，探索以工艺品和玩具为主的廊桥文化产品的开发，使木拱桥营造技艺相关项目的表现形态产生良好的市场效应，做到保护传承和开发利用相互促进、相互推动，继而推动该项技艺的全面保护工作进程。

[贰]庆元木拱桥保护现状与发展计划

庆元人民对廊桥有着无法割舍的特殊情感，千百年来，民间力量在营造和保护廊桥的过程中，占据着主导地位，并且成为了庆元人世代秉承的传统。改革开放以来，随着文物保护知识、法规的传播普及，社会保护意识与热情空前高涨，特别是政府及职能部门力量的强劲加入，通过不懈努力，保护工作逐步走上了科学化、规范化、体系化的轨道，使庆元廊桥文化得到了更为完善的保护。

一、保护现状

自古以来，庆元人民就有保护廊桥的优秀传统，祖先们兴建、保护廊桥的许多动人故事，至今还在传颂。即使在当今的现实社会，庆元也不乏为廊桥保护工作呕心沥血、忘我奉献的有识之士，庆元县博物馆的吴其林就是其中一位。

吴其林原来是庆元县博物馆的一位文物工作者，尽管现在已经退休，但是，人们一提起庆元廊桥，就会说到这位被人称为"吴廊桥"的老人。

吴其林于20世纪80年代初开始从事文物工作，不久就碰到了一件十分棘手的事情。1984年，兰溪桥水库开始清库，准备蓄水发电，而水库上游的兰溪桥处于淹没区，由于当时社会文物保护意识薄弱，有关部门作出了拆除兰溪桥的决定。吴其林听到这一消息，立即赶到了兰溪桥现场勘查。回到县城的时候，人们已经下班回家。水库即将蓄水，保桥刻不容缓。吴其林顾不上吃饭，立即赶写了要求保护兰溪桥的汇报材料，连夜去敲县里主要领导的家门，既送材料，又当面解释宣传保护古桥的重要意义，还夹带着个人的求情，7个主要领导的家转下来，已经是夜里10点了。这样吴其林还不放心，第二天一早他就守在办公室，上班时间一到，立即给省里的文物部门打电话，请求他们干预此事……在吴其林的奔走呼吁下，县里终于决定改变原先的方案，将兰溪桥按原貌迁建到西洋村的菇神庙前。

兰溪桥终于得到保护了，可是，老吴却没有好好歇脚的时间。为确保古桥迁建工程的顺利完工，县里决定派吴其林担任拆建古桥现场监督负责人。一座长48.12米、宽5.5米的木拱廊屋桥要完整地实行迁建谈何容易，而且，由于县财政紧张，只拨款5万元。根据专家测算，5万元仅能供拆卸和运输的费用，经费严重不足。当时，民间还纷纷传言："拆卸兰溪桥要死掉三个人。"尽管吴其林不信传言，可高空作业，又没有任何现代化机械，也绝非儿戏。所有这些都将吴其林推上了风口浪尖，上工地前，吴其林向家人留了遗嘱："万一发生意外，就把我埋在兰溪桥下。"

古桥上拆卸下来的众多构件要保证完好无损，这是一项难度很大的工作。自工程开工之后，吴其林就自备铺盖、大米、干菜，日夜坚守在工地上，边监督，边施工，边测绘、制图，并对各种构件做了顺序编号和现场记录，掌握了该桥构件的尺寸、资料，确保构件完好。

为了解决经费不足的问题，吴其林又深入沿线农村，发动当地干部群众为重建兰溪桥募捐。经过吴其林的努力，共募捐到自用杉木70余立方米，为国家节约了近5万至6万元经费。兰溪桥迁建竣工之后，省地专家到现场验收。在得知兰溪桥在迁建过程中只花了政府5万元钱时，省地专家纷纷称赞："这简直是一个奇迹，不仅花钱少，而且质量好。"

就这样，在吴其林的不懈努力下，兰溪桥被完好地保护下来。它与西洋殿珠联璧合，形成了一道文化韵味浓厚的靓丽风景。

近30年来，吴其林先后负责和参与了兰溪桥、濛淤桥、后坑桥、如龙桥、袅桥等木拱桥的抢救维修工程。庆元所有的廊桥上，都留下了他的足迹和汗水，他对一座座廊桥的桥式、结构、特点都了如指掌，如数家珍，可以说是庆元廊桥的"活地图"、"活字典"，被人们尊称为"吴廊桥"。

吴其林只是保护廊桥的一个代表，在庆元县像吴其林一样热爱廊桥，热衷于修桥、建桥、护桥的人还有很多很多，正是在他们几十年如一日的长期呵护下，至今，还有近百座廊桥矗立在庆元县的绿水青山之间，成为了弥足珍贵的历史文化财富。

如果说以往的廊桥文化保护主要来自文物部门和民间的自发力

量，那么，从21世纪初以来，这种状况得到了彻底的改观。随着文物知识的普及，以及历史文化在地方经济社会发展中显示出越来越重要的作用，当地党委、政府深刻地认识到了庆元廊桥巨大的历史文化价值。2004年，庆元县专门成立了木拱廊桥抢救领导小组，将廊桥保护工作列入县委、县政府大事，组织力量对全县范围的廊桥进行普查，逐一进行拍照、测绘、建档、造册。在此基础上，制订了廊桥抢救保护规划，落实了保护政策、措施。县政府还与廊桥属地的乡镇政府签订《庆元县古廊桥保护责任状》，将廊桥保护工作列入乡镇年度工作考核目标。

吴其林（前排右二）与廊桥工匠在建桥工地

在政府的推动下，民间的保护积极性也空前高涨，一些企业和社会有识之士，出资的出资，出力的出力，主动对庆元县的主要木拱廊桥进行认修、认护。这样，庆元廊桥就形成了以政府力量为主导，社会力量参与，文化部门监管的完善保护体系，使所有的古廊桥都得到正常的管理和维护。庆元廊桥文化保护工作不仅得到了全县人民的支持和响应，而且也在国内外获得了极高的评价和荣誉。2005年，庆元县后坑桥保护项目获得联合国教科文组织的第六届亚太地区文化遗产保护卓越奖。2008年，中国民间艺术家协会授予庆元县"中国廊桥之乡"荣誉称号。

后坑桥保护项目获得联合国教科文组织第六届亚太地区文化遗产保护卓越奖

中国民间艺术家协会授予庆元县"中国廊桥之乡"称号

庆元廊桥馆展示厅

　　在加强廊桥历史遗存保护的同时,庆元还十分重视木拱桥的文化保护和传承。2004年,庆元县召开"浙闽两省廊桥研讨会",邀请国内知名专家,就廊桥历史文化保护进行专题研讨,编印出版了《廊桥论文集》。2006年,编印出版了《中国廊桥之都》大型画册,对廊桥历史文化内涵进行比较深入的挖掘、整理。庆元县博物馆还开设了廊桥专题展示厅,以廊桥模型、图片、文字等形式,展示廊桥深厚悠久的历史文化。近年来,还编印了"庆元廊桥"的乡土教材,在部分中小学开设廊桥文化课,努力使廊桥文化得到传承和弘扬。

　　为了使木拱廊桥营造技艺得到更好的传承,庆元县积极鼓励民间艺人从事木拱廊桥模型的制作,同时充分利用廊桥抢险的机会,组织民间工匠到现场参加施工或者拜师学艺。2006年,庆元县启动重建濛洲桥项目工程,让廊桥工匠们在新建木拱廊桥的过程中学到技艺,积累经验。庆元县还采取政府补助的方式,鼓励民间兴建木拱廊桥,让廊桥工匠在实践过程中掌握技艺,传承技艺。

　　庆元木拱桥营造技艺于2007年列入丽水市非物质文化遗产名录,同年列入浙江省非物质文化遗产名录,2008年列入国家级非物质文化遗产名录,2009年9月列入世界"急需保护的非物质文化遗产名录"。吴复勇、胡淼两名木拱廊桥艺人,被公布为丽水市"编梁木拱廊桥营造技艺"代表性传承人。

二、濒危状况及原因

编梁木拱桥作为浙南闽北山区的主要桥式之一，在庆元县古代交通史上写下了辉煌灿烂的一页。但是，新中国成立以来，特别是改革开放以来，随着经济社会的迅猛发展，庆元山区的交通状况发生了天翻地覆的巨大变化。从县城到偏远乡村，等级公路、康庄公路，已经连接成完备的交通网络，坚固耐用的石拱桥、水泥桥遍布城乡，木拱桥基本失去了它原有的交通实用功能。近年来，由于自然灾害等原因，庆元县古廊桥的数量正在逐年减少。

编梁木拱桥营造技艺传承方面，濒危状况更是令人担忧。据调查，在新中国成立到20世纪末的50年间里，庆元县境内没有建设过一座木拱桥，这样在民间造桥工匠和技艺传承上出现了断层。近年来，在政府和社会力量的共同努力下，营造技艺得到了很好的恢复，但是文化传承的"断层"却无法弥补了。

从20世纪八九十年代以来，庆元县农村建房开始出现砖混结构和混凝土结构，原有的泥墙、黑瓦、木结构的传统民居就退出了历史舞台，专门从事传统民居建设的"做大木"的木匠越来越少，面临着消失的危险。我们知道，营造木拱桥的主墨师傅一般都由民间木匠担任，传统民居建设的消失使这个行业失去了生存的土壤，许多木匠歇业的歇业，转行的转行，拜师学艺的年轻人更是"踏破铁鞋无觅处"了。编梁木拱桥营造技艺，是以木构建房技术为基础，通过多年木匠实践经验积累,再加以融会贯通、学习提升的一门特殊技艺。当今,建房木匠尚难以生存,后继无人,造桥木匠就更加可想而知了。现在,庆元县掌握木拱桥营造技艺的人屈指可数,而且学艺无人,如果不采取切实有力的措施进行重点保护与传承,这门十分珍贵独特的技艺,就有消失湮灭的可能。

廊桥营造过程中的传统习俗、仪式,廊桥上丰富多彩的传统文化活动,是廊桥历史文化体系的重要组成部分。时代变迁,沧海桑田。在现代文化、外来文化的强烈冲击下,乡村的社会结构、思想理念、道德观念、生产方式、生活方式、文化娱乐方式都发生了深刻的变化,与廊桥相关的一些传统文化随之淡化或者正在消亡。如何加强廊桥历史文化的挖掘、研究、保护,使之成为一个完整的体系进行传承和弘扬,是一项十分艰巨而长远的任务。

三、保护和传承发展规划

近年来,庆元县委、县政府十分重视编梁木拱桥历史文化保护工作,把它作为提高地方文化影响力、提升县域竞争力的重要载体来抓。为了使廊桥历史文化得到全面、系统的保护与传承,庆元制订切实可行的保护发展规划,出台相应的政策措施,积极认真地进行落实。

(一)建立庆元廊桥文化研究会,组织发动当地的专家、文化人、爱好者,对廊桥文化进行挖掘、搜集、整理、研究,形成良好的廊桥历史文化学术研究社会氛围，推动廊桥文化保护的深入开展。

（二）出台廊桥文化保护传承奖励办法，对木拱桥传统营造技艺传承有贡献的传承人和廊桥历史文化研究成果，政府将设立专项资金进行奖励。

（三）组织力量开展廊桥文化专项普查，寻访廊桥老工匠、老艺人，采取文字、录音、摄影、摄像等综合手段，对廊桥传统营造技艺以及相关文化进行详尽的记录，整理造册，建立完善的廊桥历史文化资料库，为廊桥历史文化保护研究奠定坚实的基础。

（四）邀请廊桥专家，到庆元开展廊桥历史文化研究，举办廊桥文化国际研讨会，展示"中国廊桥之乡"形象，提升廊桥文化品位，弘扬和传播廊桥文化。

（五）编写规范统一的廊桥文化乡土教材，在全县中小学设立廊桥课程和讲座。建立廊桥文化传承教育基地，请廊桥老艺人和专家进行现场实物演示，以手把手教的方式，培养新的廊桥营造技艺传承人。同时，以此为平台，开展廊桥历史文化知识的普及和推广，展示其博大精深和奥妙无穷的艺术魅力，从而更好地促进传统木拱桥营造技艺的保护与传承。

参考文献

（清）林鹗：《分疆录》。

庆元县委宣传部编：《中国廊桥之都》，西泠印社出版社，2007年。

政协庆元县委文史委：《庆元县志》（光绪三年版注释本），1985年。

茅以升主编：《中国古桥技术史》，北京出版社，1986年。

唐寰澄：《中国古代桥梁》，文物出版社，1987年。

政协寿宁县委员会编：《廊桥流韵》，海潮摄影出版社，2008年。

刘杰：《泰顺》，三联书店，2004年。

刘杰、沈为平：《泰顺廊桥》，上海人民美术出版社，2005年。

戴志坚：《中国廊桥》，福建人民出版社，2005年。

福建省文物局主编：《宁德市虹梁式木构廊屋桥考古调查与研究》，科学出版社，2006年。

陈圣格：《泰顺药发木偶戏》，浙江摄影出版社，2009年。

薛一泉：《解读廊桥》，中国民族摄影艺术出版社，2005年。

刘淑婷、薛一泉：《温州泰顺乡土建筑》，浙江摄影出版社，2009年。

后 记

　　作为地方文化遗产保护工作者，长期以来，我们一直参与木拱桥营造技艺的保护和传承工作。木拱桥传统营造技艺能在短短的几年时间内，不断提升等级列入相应的保护名录，直至出现在"世遗"名单中，这个过程就像古代血缘村落中的学子参加科举考试高中榜眼探花一样，作为木拱桥乡土家园的一份子，我们为之激动，也为能参与本书的编撰感到荣幸。

　　木拱桥传统营造技艺是第二批国家级"非遗"名录项目，该项目申报和公布时，保护责任地为泰顺和庆元两县，因此，本书的编撰即由两县合作进行。根据省"非遗办""非遗"丛书出版工作的统一部署和安排，经泰顺和庆元两县的协商，明确了由泰顺方牵头《木拱桥传统营造技艺》书稿的编撰工作，在泰顺方拟定大纲并经双方讨论议定的基础上，双方作者分别进行了文字撰写和图片统筹（薛一泉负责泰顺方稿件的撰写，叶树生负责庆元方稿件的撰写，相关图片由泰顺季海波和庆元姚家飞统筹提供），并由泰顺方作者负责统稿，经省"非遗"专家都一兵先生审读后，我们对书稿进行了认真修改和补充完善，使该项目的营建过程及工事风俗都有了一个较为全面而生动的呈现。

浙南古代先民的巧思构作和精彩创造，为我们留下了耀世珍贵的木拱桥及其营造技艺，也正是如此，才有了我们多年的保护历程和成绩成果，才有本书的编撰出版。《木拱桥传统营造技艺》的出版，只能算是对该项目作一个基本调研的成果体现，我们期待大家对此书赐教修正的同时，也期望有更多相关研究著作的出版，为继续推动木拱桥传统营造技艺的保护和传承提供支持。

作者

二〇一二年十二月十三日

责任编辑：方　妍

装帧设计：任惠安

责任校对：王　莉

责任印制：朱圣学

装帧顾问：张　望

本书摄影：季海波　姚家飞　薛一泉

图书在版编目（ＣＩＰ）数据

木拱桥传统营造技艺 / 季海波, 陈伟红主编 ; 薛一
泉, 叶树生著. -- 杭州 : 浙江摄影出版社, 2014.11（2023.1重印）
　（浙江省非物质文化遗产代表作丛书 / 金兴盛主编）
　ISBN 978-7-5514-0743-4

　Ⅰ.①木… Ⅱ.①季… ②陈… ③薛… ④叶… Ⅲ.
①木桥—拱桥—介绍—浙江省 Ⅳ.①U448.22

中国版本图书馆CIP数据核字(2014)第223592号

木拱桥传统营造技艺

季海波　陈伟红　主编　薛一泉　叶树生　著

全国百佳图书出版单位
浙江摄影出版社出版发行
　　　地址：杭州市体育场路347号
　　　邮编：310006
　　　网址：www.photo.zjcb.com
制版：浙江新华图文制作有限公司
印刷：廊坊市印艺阁数字科技有限公司
开本：960mm×1270mm　1/32
印张：6.875
2014年11月第1版　2023年1月第2次印刷
ISBN 978-7-5514-0743-4
定价：55.00元